吉林省教育厅 2022 年度就业专项研究项目《疫情影响下的毕业生就业市场开拓模式研究》，合同编号：JJKH20220787JY。

青年大学生就业创业教育研究

田宜国　著

中国纺织出版社有限公司

图书在版编目（CIP）数据

青年大学生就业创业教育研究／田宜国著． --北京：中国纺织出版社有限公司，2024.5． -- ISBN 978-7-5229-1965-2

Ⅰ．G647.38

中国国家版本馆CIP数据核字第2024NC9862号

责任编辑：刘 茸　　责任校对：王花妮　　责任印制：王艳丽

中国纺织出版社有限公司出版发行
地址：北京市朝阳区百子湾东里A407号楼　邮政编码：100124
销售电话：010—67004422　传真：010—87155801
http://www.c-textilep.com
中国纺织出版社天猫旗舰店
官方微博 http://weibo.com/2119887771
三河市宏盛印务有限公司印刷　各地新华书店经销
2024年5月第1版第1次印刷
开本：710×1000　1/16　印张：16.5
字数：212千字　定价：88.00元

凡购本书，如有缺页、倒页、脱页，由本社图书营销中心调换

前 言

大学生是国家宝贵的人才资源，是现代化建设的重要生力军。大学生要想服务社会、参与社会建设，就业和创业是主要的途径。高校开展大学生就业创业教育，重视大学生创业创新能力的培养，提高大学生的社会适应能力，是推进高等教育改革的一项重要举措，也是我国建设创新型国家一系列战略举措的重要组成部分。

目前，大学生就业创业问题是影响青年一代和整个社会长远发展的重要课题，需要学校和社会各界各司其职。在解决大学生就业和创业问题上，高校需要发挥特殊作用，通过对各个专业学生开展就业创业教育，提高大学生的创新能力、就业技能和社会适应力，提高就业创业教育的实效性。为此，高校应该在学科专业教育的基础上，高度重视就业创业教育，加强理论研究，改进教育方法，全面增强大学生就业创业能力。同时，政府、社会、高校和家庭应该建立协同育人机制，凝聚社会各方面的力量，整合社会中的创新要素和教育资源，为大学生实现就业、参与创新创业活动创造良好的环境。

本书将结合大学生就业创业实际情况，深入分析当前高校就业创业教育面临的现实问题，从大学生适应社会的实际需求出发，对就业创业教育的范式、内容和方法等进行研究。本书兼具理论性和操作性，希望能够为高校的就业创业指导部门和广大教师提供一定的帮助。本书在撰写过程中，借鉴、引用了专家学者们的研究资料,在此表示诚挚的谢意。由于水平有限,加之写作时间仓促,书中难免有疏漏之处,敬请广大读者批评、指正。

田宜国

2024 年 6 月

目 录

第一章 大学生就业创业概述 ·· 1
第一节 创业的内涵与大学生创新创业精神 ·························· 1
第二节 高校大学生就业创业教育概述 ································ 16

第二章 大学生职业生涯发展 ·· 25
第一节 大学生职业生涯的内涵 ·· 25
第二节 大学生职业发展的理论 ·· 37

第三章 大学生职业生涯教育 ·· 59
第一节 大学生职业适应培养 ··· 59
第二节 大学生职业发展规划 ··· 73
第三节 大学生职业更换选择 ··· 78

第四章 大学生职业道德教育 ·· 87
第一节 大学生的基本职业道德 ·· 87
第二节 高校职业道德教育内容 ·· 101
第三节 大学生的团队精神培养 ·· 111

第五章 大学生就业创业能力培养 ··· 117
第一节 大学生自我能力培养 ··· 117

第二节　大学生交际能力培养 ··· 126
　　第三节　大学生管理能力培养 ··· 132
　　第四节　大学生实践能力培养 ··· 142

第六章　大学生就业程序培训 ··· 149
　　第一节　大学生就业程序教育 ··· 149
　　第二节　大学生就业目标分析 ··· 161
　　第三节　大学生就业协议分析 ··· 166
　　第四节　大学生就业权益保障 ··· 172

第七章　大学生创业实践教育 ··· 179
　　第一节　大学生创业教育的体系 ······································· 179
　　第二节　大学生创业教育的协作 ······································· 196

第八章　大学生创新创业思维培养 ······································· 205
　　第一节　大学生创新创业思维 ··· 205
　　第二节　大学生创新思维方法 ··· 216

第九章　大学生就业创业创新路径 ······································· 229
　　第一节　高校人才培养理念的创新 ····································· 229
　　第二节　高校就业创业指导体系构建 ··································· 233
　　第三节　高校就业创业人才培养环境 ··································· 239

参考文献 ·· 253

第一章　大学生就业创业概述

第一节　创业的内涵与大学生创新创业精神

一、创业的定义与功能

(一) 创业的定义

创业的定义可以从以下三个维度进行拆解分析。

第一，创业需要广泛获取资源并对其进行有效整合以克服资源瓶颈。只有牢牢把握住资源优势才能切实享受到创业的红利，并在市场中行稳致远。创业所需资源广泛且多样，包括资金、设施、人才、技术、市场信息等。因此，创业者需要在资源方面具备较高的敏感度和洞察力。在创业初始阶段，各方面的创业资源往往十分有限，不少初创者要面临"白手起家"的困境。此时，创业者应通过各种途径，如投资、人脉、合作伙伴等，获取所需资源，并思考如何最大限度地利用已有资源，以实现最佳的运作效益。同时，创业者还需要具备较强的资源整合能力，资源整合的有效性将直接影响到创业项目的发展现状和未来成长空间。

第二，创业需要敏锐洞察有效机会并及时把握机会。前有苏轼云"来而不可失者，时也；蹈而不可失者，机也"，后有龚自珍道"寄语瞿塘江上贾，收帆好趁顺风时"。有效的机会对于创业起着重要作用，可遇而不可求，因此必须对其积极寻找并及时把握。在市场经济条件下，机会的出现和消失都是随机的。因此，创业者需要具备快速捕捉和准确判断市场机会的能力。这需要创业者对市场有着深入的了解，敏锐洞察市场需求、行业变革和消费趋势，在竞争激烈的市场中找准定位、抓住机会，在第一时间把握有利的商机。从发展的角度出发，正所谓"风水轮流转"，"机不可失，时不再来"，创业者应通过市场调研等方式，认清当下和未来的机遇，做到有的放矢，清晰地规划自己的创业方向，及时把握机会并付诸行动，具备坚定的执行力，以确保机会能被有效利用。这样不仅能够提高创业成功率，而且有利于快速占领市场份额，实现良性发展。

第三，创业必须创造出真实可靠的劳动价值。"耕耘于斯，收获于斯。"倘若创业的过程只耕耘而不收获，那就是对资源的浪费，对机会的无效使用。劳动价值的高效产出是创业持续发展的源泉，也是创业者获取社会认可和经济回报的重要途径。这种价值不仅仅是金钱上的回报，还包括对社会、对行业的贡献。创业者应注重产品或服务的质量，不断提升核心竞争力，树立良好形象和口碑。同时，还需要秉持诚信原则，不断提升自身的专业素养和道德修养，确保所创造的劳动价值是真实可靠的。此外，创业者还应关注人才培养与激励机制的建设，使每个成员的劳动价值都能够得到充分体现。只有创造出真实可靠的劳动价值，才能在市场中占据一席之地，实现创业过程长期稳定发展。

(二) 创业的功能

在当今时代，创业不仅仅是实现个人梦想和追求财富的手段，更是一种历史责任和社会担当，是创业者对社会的回馈和贡献。在创业的过程中，人们可以不断挖掘自身潜力，释放自身创造活力，实现个人价值的最大化。同时，创新的产品和服务也能够满足人民群众日益增长的多样化需求，为社会创造价值，促进产业结构转型升级、科技进步和经济持续健康发展。研究表明，我国创业整体大环境在逐渐改善、优化，各方面的创业资源也都得到了较为充分的补给和利用。

创业的主要功能体现在以下几个方面。

1. 促进科技进步

创业活动不仅促进了新技术、新产品的不断涌现，促进了产品和服务的不断优化与更新，也催生了一大批具有创新精神的科技型企业，通过创新意识和技术应用，不断推动科技的发展。通过市场竞争，创业者们相互激发创新活力，有力推动了科技进步和市场繁荣。例如，互联网创业浪潮带来了信息产业的飞速发展，各种新型科技企业的崛起为市场注入了新鲜血液，推动了产业结构的升级和经济的提质增效。

然而，我国目前的技术创新能力仍处于中等水平，因此在国际市场中也处于较为被动的局面，导致我国在国际市场中所占份额仍较为有限。若要变被动为主动，就必须发展创业型经济，这对人才培养提出了更高的要求。"世间万物有盛衰，人生安得常少年。"作为国家发展的新兴力量，大学生应有鸿鹄之志和创新创业的真本领，成为国家经济发展的助推器和顶梁柱。

2. 缓解就业压力

我国是世界人口大国，随着人口增长和新的劳动力不断涌入市场，市场上的就业岗位逐渐饱和，就业压力也逐渐加大。创业活动为一部分人提供了自主就业的机会，有效缓解了社会的就业压力，为广大劳动者提供了更多选择和机会，促进了就业稳定和社会和谐。与此同时，创业者不仅可以通过创业实现自主就业，还可以为其他人创造就业机会，丰富市场就业岗位，进一步减轻社会的就业压力，促进多样化就业。

近年来，大学生群体的就业率问题受到各方的高度关注。随着大学毕业生数量逐年升高，以及部分大学毕业生秉持不愿"大材小用"的思想对工作岗位和薪资待遇越发挑剔，大学毕业生就业问题日益严峻。因此，为缓解这一局面，高校应帮助大学生转变错误思想，培养其创新创业意识和能力，鼓励大学生积极自主创业，并为其提供力所能及的援助。

3. 调节社会资源配置

在创业进程中，通常需要大量资源的投入，包括人力、物力、财力等。这些资源的调配和利用，不仅为企业自身发展创造了条件，而且通过市场竞争调动了社会的闲置资源，有助于资源的优化配置和有效利用。同时，创业者通常会根据市场需求和资源现有情况对社会资源进行调整，促进资源的有效流动和配置，从而提升了整体资源的利用效率，也为社会资源配置提供了新的调节机会和模式。

4. 实现人生价值

创业的过程是一个不断超越自我的过程，不仅能够锻炼创业者的才干和韧性，更能够帮助其开拓人生的新境界。这是一个通过挑战和机遇塑造自我、实现自我提升的过程，也是一个不断学习和成长的征程。在创业的道路上，人们能够克服各种困难，展现出坚韧不拔的品质和智慧，将个人的创造力和潜力充分发挥，实现人生理想和抱负。与此同时，创业不仅是一种商业行为，更是一种精神追求和生活态度。在创业的道路上，创业者能够发挥自己的创新能力和领导才能，在竞争中不断超越自我，实现自身的成就和价值。并且，创业者在创业过程中能够不断学习成长，在克服各种困难和应对挑战中不断提升自己的能力和智慧。通过创业，创业者还能够为社会创造更多的就业机会和经济价值，为整个社会的发展贡献力量，实现个人价值与社会价值的双赢。

二、创业的要素与类型

(一) 创业的要素

研究分析，创业主要受三方面要素影响，分别为机会要素、创业者及其团队要素和资源要素。在创业活动中，这三个要素相辅相成且缺一不可。

首先是机会要素。机会是指创业者在创业活动中发现的并可利用的有利商机，可以是市场需求的空白，技术创新的突破，或者社会变革带来的新机遇。"机会乘今日，雌雄决此行。"创业者需要敏锐地洞察市场需求，紧跟时代的步伐，掌握先机。同时，只有在不断变革创新中，才能抓住那些隐藏在市场中的机遇，实现商业价值的最大化。因此，判断机会的能力成为创业者最关键的素质之一。比如，互联网的快速发展为许多企业和个体提供了线上营商的新途径，让许多人看到了电子商务的巨大商机。

其次，创业者及其团队是创业成功的关键。创业者及其团队需要具备创新精神、坚定的决心和卓越的执行力，以克服种种困难和挑战。只有充满激情和毅力的团队，才能在竞争激烈的市场中脱颖而出，创造出令人瞩目的成就。"同心而共济，始终如一。"在创业的旅途中，团队合作、相互信任和共同成长至关重要。优秀的创业者需要具备坚韧不拔的毅力、全面的商业素养和良好的人际交往能力。正所谓"二人同心，其利断金"，一个稳固的创业团队也是至关重要的。

最后，创业资源为创业者提供了源源不断的动力与支持。资金的充沛流动是创业之根本，技术的创新是创业之翼，而人脉与市场渠道是创业者扬帆远航之舵手与罗盘。充足的创业资源可以有效地支持创业者完成商业策划和实施，能够在一定程度上降低创业风险，为创业者提供更多的机会和可能性。

(二) 创业的类型

创业按照不同的划分依据可以分为不同类型，具体如下。

1. 创业动机

由于不同人及不同群体的创业动机不尽相同，因此，创业分为生存型创业与机会型创业两种类别。生存型创业是指由于生计压力或者在就业机会稀缺的情况下，创业者为了生存而创业，以满足自身或家庭的基本生活需求为创业首要目的。例如,在经济困难的地区,一些农村妇女因为就业机会少而开设小作坊、早餐店,以此维持家庭生计。机会型创业是指创业者通过发现市场机会,提供新产品或服务,以实现自我价值和财富积累的创业方式。生存型创业与机会型创业的区别具体表现如下。

(1) 创业者自身特点。创业者自身性格特点、家庭环境、受教育程度、年龄等都会对其创业动机造成重要影响。相比之下,来自中低收入家庭的创业者,受雇于企业的可能性较低,面对生存的现实压力,更多是为了谋生而进行生存型创业。而具备更多教育背景和专业技能的创业者往往更加注重市场机会的发现和创新,以及对未来的规划与发展,因此会进行机会型创业。

(2) 投资回报率与风险水平。通常情况下,高回报率的产品往往要承受的风险也更大,反之亦然。因而,生存型创业者更偏向于经营小型个体企业,他们更注重的是生计问题,因此对投资回报的预期相对较低。相比之下,机会型创业者更加看重企业规模的扩大与发展,对投资回报的预期相对更高。他们愿意为了实现企业战略目标进行长期投资,并承担相应较高的风险。

(3) 准入门槛及壁垒。生存型创业者由于个人能力和资金有限,因此通常从事一些准入门槛及壁垒较低的小本生意,市场竞争相对较小,也意味着盈利空间相对有限。机会型创业者往往在技术、人才、市场和资金等多方面具备较多自然优势,因此往往更倾向于挑战有一定壁垒和专业技术要求的产业,为此也需要克服更多的困难和风险。

(4) 资金筹集渠道。生存型创业者往往依赖个人储蓄、亲友支持等筹集启动资金,因为他们通常缺乏获得传统投资的条件和机会。相比之下,机会型创业者更倾向于通过天使投资、风险投资、银行贷款、股权融资等更为大型的渠道融资,其更有能力吸引更多的投资,并借助投资支持企业的快速发展和规模扩大。

（5）拉动就业率。生存型创业者在最初阶段往往只是自雇创业，仅能解决自己的就业问题，对于外部就业的拉动作用十分有限。机会型创业往往会为社会补给更多的就业机会，尤其是在企业规模扩大后，能够吸纳更多的员工，为社会创造更多的就业机会。因此，机会型创业对于促进就业的作用要大于生存型创业，更有利于实现社会资源的有效配置。

（6）改善经济结构。机会型创业往往带动了更多的产业创新和技术进步，为经济结构的优化和转型升级提供了动力和支持，对于激发整体经济活力和提升竞争力有着重要作用。生存型创业虽然在一定程度上能够缓解个体就业压力，但对于经济结构和产业升级的推动作用相对有限。

2. 创业起点

依据这一分类，创业可以划分为创建新企业和企业内创业。创建新企业是指个人或团队从零开始构建全新的商业实体，比如创办一家科技公司或开设一家小型餐饮企业。企业内创业是指现有企业内部的员工或团队提出并实施新的商业想法和项目，以推动企业的创新发展。比如，某餐饮公司内部的员工提出了一个新的策划方案，并得到公司的支持和资源，最终成功推出了新产品，为公司带来了巨大的市场影响力和收益。企业内创业不仅可以激发员工的创新潜力，还有助于企业不断调整和完善自身经营模式，时刻保持市场竞争力。

3. 创业者数量

依据这一分类，创业可以划分为独立创业和合伙创业。独立创业是指个人独自筹划并开展创业活动，如乔布斯最初在家中的车库开创苹果公司，通过个人努力和创意，使之最终成为全球知名的科技巨头。合伙创业是指两个或多个创业者共同合作开展创业活动。相较于独立创业而言，合伙创业在资源投入、经济收益和风险承担上都需要多方创业主体共同享有和承受。

4. 创业项目性质

依据这一分类，创业可以划分为传统技能型创业、高新技术型创业和知识服务型创业。传统技能型创业通常以传统手工艺或技能为基础，包括手工艺品制作、食品加工等，如一些工匠利用传统技艺开设陶艺工作室。高新技术型创业注重科技创新，通常涉及科技研发、互联网应用等领域，比如某公司利用人工智能技术开发出一款智能家居产品。知识服务型创业偏重于知识产权、咨询服务等，强调知识的产出和借用，比如行业专家创办一家专业培训机构教授行业知识和经验。

5. 创业方向

依据这一分类，创业可以划分为依附型创业、尾随型创业、独创型创业和对抗型创业。依附型创业指的是基于某一已经成熟的商业模式进行创业，并依附于此或其相关产业链，借力行业发展的趋势和经验进行创新。这种创业方式通常能够更迅速地获取市场份额，减少风险，加速营收增长。尾随型创业是指在某一已成功的创业模式之后进行效仿创业，这种创业往往需要对市场进行深度洞察，以找到差异化的切入点。独创型创业注重自身的创新能力，侧重于在尚未有成功案例的领域进行创造性开发和创业。对抗型创业是指在市场已经有一些商业巨头存在的情况下继续进行创业，并且试图在与这些巨头的竞争中取得优势。

6. 创业内容

依据这一分类，创业可以划分为基于产品创新的创业、基于营销模式创新的创业和基于组织管理体系创新的创业。基于产品创新的创业指的是以产品的独特创新为基础，满足多元市场需求，刺激新的消费热潮出现。基于营销模式创新的创业侧重于重新构建市场渠道、推广策略和用户体验，改变传统的营销模式。基于组织管理体系创新的创业强调的是用新的管理体系和组织方式实现产业效率提升和创新，如一些初创企业采用扁平化管理结构，激发员工创造力和团队合作精神，提高其工作效率。

（三）创业的过程与阶段

1. 创业的过程

创业是一个从无到有、由简入繁、环环相扣的系列过程，通常包括以下各项环节。

（1）产生创业动机。创业动机是指创业者内心深处的激励力量和动力源泉。创业者可能因受到外界刺激，如创业机会增加、当前工作无法满足其成长需求、创业成本变化、追求更高的事业发展；或者由于个人内在因素，如内心对某项事业的热爱和追求、个人充满创业精神，从而产生创业的内在动机。另外，来自外界的各种经济、社会、文化因素都会对创业动机起到推动作用。这些因素将构成创业者产生创业动机的内外部条件。

（2）识别创业机会。识别创业机会是创业过程中的关键一步。创业机会是指在市场环境、技术条件、社会需求等方面具备可行性和实施可能的商业机会。创业者需要对市场进行深入调研，从中寻找创业所需的机会。此外，创业者还需要具备敏锐的市场嗅觉和对当前行业发展的深刻理解，才能够发现潜在的商机。在全面了解市场、技术和社会发展的基础上，创业者需要结合自身的资源、能力和兴趣，找出符合自身优势和市场需求的创业机会。因此，识别创业机会不仅需要依靠市场调研和数据分析，更需要创业者对行业的深入理解和洞察。

（3）整合资源。在创业过程中，创业者需要有效地整合各种资源，包括人力、物力、财力、信息和社会关系等，以支撑企业的正常运转和发展。对于初创企业来说，资源的整合往往是相对有限和困难的，因此创业者需要在有限的条件下寻求资源的最大化利用。这就需要创业者具备较强的资源整合能力，善于发现并利用各种资源，做到量力而行、合理配置，确保企业的有序运作和健康发展。同时，资源整合也需要创业者与外部合作伙伴、投资者、员工等形成良好的合作关系，共同推动企业的发展。因此，资源整合是创业过程中不可或缺的一环。

（4）创建企业。到了创建企业这一环节，创业者需要将之前的计划和准备付诸实施。首先，创业者需要明确企业的法律地位，选择合适的公司类型并注册成立，确保企业的合法性和稳定性。其次，创业者需要构建企业的组织架构和管理体系，确定企业的业务范围和经营定位，建立健全的内部管理制度和流程，为企业的运作奠定坚实基础。再次，创业者还需考虑企业的品牌定位和市场推广策略，确保企业能够在市场竞争中脱颖而出。最后，企业的财务管理和税务规划也需重点关注，确保企业财务稳健、合规运作，从而为企业的正常运营和未来发展打下坚实基础。

（5）提供市场价值。一家企业只有能够为客户提供有用的产品或服务，才能在市场上立足并获得持续的竞争优势。因此，创业者需要深入了解目标客户的需求和痛点，确保自己提供的产品或服务能够切实解决客户问题，带来实实在在的市场价值。此外，在提供市场价值的过程中，创业者还需要不断优化产品或服务，修正经营策略，提升客户满意度，建立品牌口碑，以确保企业在市场中具备持续的竞争力和生命力。

（6）收获创业回报。创业者在实现创业目标和经营成果的同时，也需要及时收获创业回报。这种回报不仅仅是物质上的，还包括对企业社会价值和影响的认可，员工的成长与获得感，以及创业者自身的心灵满足与成长。在收获创业回报的过程中，创业者需要积极回馈社会，承担企业的社会责任，在回报社会的同时，提升企业的社会形象和品牌价值。通过不断追求优质产品或服务，提升客户满意度，并借助市场反馈不断优化运营和管理，助力企业实现长期稳健发展。

2.创业的阶段

依据创业过程,创业阶段可以划分为机会辨识与掌握阶段、资源整合与利用阶段、企业研究与创办阶段、企业生存与发展阶段四类。

依据公司发展性质又可进行如下划分。

第一,生存阶段。创业者通常面临资金短缺、市场竞争激烈等挑战,需要通过节约成本、调整市场定位、完善技术服务、加强销售等方式实现企业的持续生存。

第二,公司化阶段。管理层面临组织架构、管理流程等方面的挑战,需要建立健全的管理制度和团队合作机制。

第三,集体化阶段。为应对业务扩张、项目管理等方面的挑战,需要建立跨部门协同和项目系统管理平台。

第四,总部阶段。此时企业需要应对跨地域、跨文化管理等方面的挑战,构建全球化的运营和管理体系,通过跨国团队建设和全球化战略的实施,推动企业的国际化进程。

三、大学生创业创新精神

(一) 创业创新精神的内涵

1.创业精神的本质

创业精神的本质在于不断探索与创新,勇于承担风险与不确定性,以及持久的坚持和意志力。同时,创业精神也建立在对团队协作、资源整合和商业风险的精准把控之上。

(1)创新是创业精神的灵魂。"日新之谓盛德",创新是企业在日常经营中不断迭代和改进的动力源泉。创新不仅仅是产品和服务的更新换代,更是一种组织文化和管理方式的变革，是适应市场需求和社会变化的关键能力。正所谓"穷则变，变则通，通则久。"在当今快速变化的商业环境中，敢于创新、勇于变革的企业往往能够取得持续的竞争优势，赢得市场和客户的青睐。

（2）冒险是创业精神的天性。冒险代表着勇气与决心，创业是探索未知世界的勇者之行。冒险的过程是创新与突破的历程，是挑战常规、超越极限的勇气之举。欧阳修在《尹师鲁墓志铭》中曾道："遇事无难易，而勇于敢为。"在不断追求未知的道路上，创业家们应展现出对风险的承受能力和对未知世界的渴望，愿意奋勇前行，开创新天地。

（3）合作是创业精神的精华。团队合作是推动创业精神不断发展的重要动力之一。在合作中，每个人的独特能力可以得到最大程度的发挥，创新和想法能够得到有效整合，从而促进企业的快速成长和持续成功。"独脚难行，孤掌难鸣。水涨船高，柴多火旺。"团队合作可以创造出协同效应，将个人的努力转化为整体业绩的倍增，使企业在激烈的市场竞争中保持领先地位。

（4）执着是创业精神的本色。执着是企业家不可或缺的品质。创业者在创业过程中需要坚定不移地追求目标、克服困难，对于项目的价值和长期目标持有高度的信念。此外，还需要具备超越常人的忍耐力和毅力，以应对不同的挑战和可能陷入的逆境，不断调整和改进自己的经营策略。在竞争激烈的商业环境中，只有持之以恒，不断努力，才能脱颖而出。

2. 创业精神的来源

创业精神的来源不是单一的，而是多方面的，主要受到以下三方面的影响。

（1）文化环境。在不同的文化环境中，创业精神表现出多样化的特征。在一些文化中，鼓励冒险和自主创新的观念促进了创业精神的发展；而在另一些文化中，更注重传统和稳定，对创新持谨慎态度。因此，文化环境对于创业精神的塑造具有深远的影响。

(2)产业环境。在当今复杂多变的产业环境中，创业精神的形成和发展受到诸多因素的影响。其中，市场竞争的激烈程度、技术创新的速度以及行业政策的支持程度等都对创业者及其创业项目产生极大的影响。此外，全球化的趋势和消费者需求的变化也在不断塑造着创业产业环境，影响着创业精神的发展。

(3)生存环境。生存环境对创业精神的塑造不可忽视，它影响着创业者的思维方式和行为模式，进而影响着整个社会的创新能力和经济发展水平。在资源匮乏的环境中，创业者往往更加注重创新和效率，倾向于寻找资源最优化的解决方案；而在资源丰富的环境中，创业者更注重市场前景和商业模式的创新，以及与其他企业的竞争和合作。

3. 创业精神的作用

在现代社会，创业精神不仅仅是为了创办新的企业，更体现了一种积极进取的态度和勇于挑战传统的勇气。具有创业精神的人们通常能够更好地适应快速变化的社会环境，敢于冒险，勇于尝试新的商业模式和经营理念，更加倾向于实验和开发新的想法和产品。同时，创业精神还能激发个体潜力，激励人们追求梦想和实现自我价值。

4. 创业精神的培育

(1)培育创业人格。创业人格蕴含的意志力、风险意识、坚韧不拔等品质，对于创业者的成长和发展起着决定性的作用。培养创业人格需要从学校、家庭和社会环境多方面着手，通过正面的榜样力量、创业人格培育课程等手段，潜移默化地影响和塑造学生的品质和性格，使其具备勇于尝试、不畏失败的创业心态，从而为创业精神的培育奠定坚实基础。

(2)培养创新能力。"不慕古，不留今，与时变，与俗化。"创新能力是创业过程中至关重要的一项素质，也是培育创业精神不可或缺的一环。创新能力培养在教育体系中应得到足够的重视,从课程设置到教学方法的改革,都应围绕如何培养学生的创新思维和创新意识展开。此外,学校还可以通过开设创新创业实验课程、搭建创新创业实践平台等方式,帮助学生在实践中培养创新精神,从而为未来的创业之路做好准备。

(3) 宣扬创业文化。创业文化蕴含着对创业者的认可和支持,它能够激励更多的人勇敢地追求创业梦想,更能够使创业者在创业道路上得到更多的支持和鼓励,增强创业信心,促进创业精神的培育和传承。同时,宣扬创业文化需要全社会的共同努力,包括政府、企业、学校、媒体等多方力量的参与。

(4) 强化创业实践。"自古圣贤之言学也,咸以躬行实践为先,识见言论次之。"创业实践是培育创业精神的有效途径,它能够锻炼创业者在实践中检验真理、强化身心品质。创业实践并非仅限于创业者自身,还包括创业教育的实践环节。学校可以通过校企合作等多元化形式,为学生提供更多的创业实践机会。此外,社会也应该为创业者搭建更多的创业平台、提供更多的创业资源,让创业者可以有更多机会去实践、去尝试,进而促进创业精神的萌发与成长。"士虽有学,而行为本焉。"强化创业实践,可以让创业者更深入地了解创业的实际操作过程,更加深刻地体会创业的艰辛与乐趣,从而在成败中不断锤炼,培养坚韧不拔的创业精神和勇往直前的创业品质。

(二) 创新精神的培育

创新精神是在不断追求突破和创造的过程中,挖掘内在的潜力和能量,以应对不断变化的需求和挑战。它代表着对传统观念和方法的挑战,是对创造力和想象力的持续追求,能激发个体和组织持续改进和适应,成为推动社会发展和进步的动力源泉。具体而言,培养创新精神应关注以下几点。

1. 求知欲

"惟进取也,故日新。"培养创新精神,首先要有强烈的创新欲望。创新欲望是推动个人持续探索未知领域、挑战现有框架和解决现实问题的内在动力。强烈的创新欲望是培养创新精神的关键，也是激发个人潜能，推动技术、文化和社会进步的重要因素。

2. 好奇心

好奇心包含着强烈的求知欲和追根究底的探索精神，谁想在茫茫学海获取成功，就必须有强烈的好奇心。正如爱因斯坦所说的那样："我没有特别的天赋，只有强烈的好奇心。"

3. 意志力

创新的道路上不会一帆风顺，想要实现创意、尝试新方法就会遇到各种矛盾，创新的过程从来都不是一蹴而就的。在创新的过程中应坚定信心、不断进取，当创新活动误入歧途时，应适当做出调整，迫使自己"转向"或"紧急刹车"。

一个人是否具有创新能力是"一流人才和三流人才之间的分水岭"，个人不创新，会被公司淘汰；公司不创新，会被行业淘汰；行业不创新，会被社会淘汰；社会不创新，会停滞不前。

(三) 创业创新的类型

从本质上说，创新是一种变革，在创新过程中聚焦于技术方面的变革是永恒的主题，因此有必要了解创新的多种类型和相关特点。

1. 产品创新

产品创新是指研发出一种能够满足顾客需要或解决顾客问题的新产品。

2. 工艺创新

工艺创新是指企业采取某种方式对新产品及新服务进行生产、传输，是对产品的加工过程、工艺路线以及设备进行的创新。

3. 服务创新

服务创新是企业为了提高服务质量和创造新的市场价值而发生的服务要素变化，是服务系统有目的的、有组织的、可改变的动态过程。服务创新的理论研究来源于技术创新，两者之间有着紧密的联系。

4. 渐进性创新

渐进性创新是指在原有的技术轨迹下，对产品或工艺流程等进行的程度较小的改进和提升。

第二节　高校大学生就业创业教育概述

随着我国社会经济的发展，市场对人才质量的要求逐渐提高，大学生不但要具备较高的专业能力，还要具备相应的综合素质。在此背景下，对大学生进行就业创业教育显得极为重要，不仅能够让大学生了解当前国家的就业形势、就业创业政策，还能够引导大学生根据自己的专业优势、兴趣爱好、个人特点等进行全面、系统的分析，帮助大学生快速认清自身优势和能力，并进行针对性提高。这对于促进大学生实现高质量就业、激发我国市场活力具有重要意义。

一、高校大学生就业创业教育的意义

大学生就业创业教育不仅能够帮助大学生了解我国的就业形势和就业政策，更重要的是帮助大学生提升综合素质，增强其在就业创业中的竞争力。一方面，通过就业创业课程，教师能够有效了解当前大学生对于就业创业的看法及其目标，并结合大学生的专业优势与性格特征为其提供针对性的帮助和指导，帮助大学生找到适合自己的就业方向，提高其就业能力；另一方面，在就业创

业课程学习过程中，大学生能够有效提升自身的创新能力、协作能力、灵活应变能力，树立正确的职场竞争思维，主动将自身的就业目标与社会发展实际需求相结合，不断提高综合素质，实现高质量就业。

二、高校大学生就业创业教育发展现状

近年来，我国各大高校提高了对大学生就业创业教育的重视程度，逐渐将其作为一门独立的课程融入大学生的必修课中。然而，在大学生就业创业教育开展的过程中，仍然存在一些问题。

(一) 就业指导不足

职业生涯规划重在引导，教师必须引导学生树立就业意识，才能够有效保障大学生就业创业教育的实效性。我国部分高校虽然将大学生就业创业课程作为大学生的必修课之一，但是普遍缺乏对大学生的指导。具体表现为：大部分高校的就业创业教育仅仅是涉及了大学生创业、就业方针、各项优惠政策、相关法律等内容，并没有主动了解大学生的就业目标及其实际情况，未引导大学生根据自身特点和实际制定相应的职业规划，只重视理论教育，缺乏有效的社会实践。部分大学生在学习过程中虽然对就业形势和就业政策等理论有了较为清晰的了解，但是对于如何制定职业规划、找到与自己相匹配的工作岗位仍然是一头雾水。

(二) 就业创业实践机会较少

虽然大部分高校已经认识到在大学教育阶段解决大学生就业创业问题的重要性，但是大部分课程仍然停留在理论范围，缺少相应的实践环节。部分高校的创新创业产业园投入使用程度较低，大学生缺乏实践锻炼的机会。在大学生创业教育中，大学生只有亲身参与社会实践，才能深刻了解成本控制、人员支出、营收预算等多项内容的实际内涵，提升大学生的抗压能力、计算能力、适

应能力。

但实践机会的缺乏导致大学生虽然掌握了创业理论，却缺少实际的操作经验，这是部分大学生在走入社会后无法适应工作岗位、创业屡屡失败的重要因素。

(三) 课程设计脱离学生实际

当前，我国正处于社会发展转型升级的关键时期，对于优秀的、复合型的人才招聘需求较大，大学生就业创业教育必须紧贴学生实际情况，才能够有效提升就业创业教育的针对性和实效性。互联网为大学生了解最新的岗位需求和就业需求提供了多元化渠道，部分大学生对于"新型就业岗位"较为渴望，但是在大部分的就业创业教育中，仍然按照传统的就业观念、就业岗位需求指导大学生，在课程中对于新时代数据工程师、融媒体师、人工智能（AI）技术等工作岗位涉及较少，不能满足大学生的实际学习需求。

大学生就业创业教育涉及范围较广，涵盖了所有专业的学生，教师必须了解每个专业的发展前景、岗位职责需求，才能够给予学生正确的指导。但是，部分高校往往是一个教师教多个专业的学生，教师没有时间和精力去了解每个专业的发展情况，只是按部就班地教授相应的课程，导致就业创业教育课程内容与学生实际相脱节。另外，在传统的高校教育课堂中，教师和学生都比较习惯于课堂讲解和笔试考试，对于学生的教学评价通常也以考试分数为标准。但学生在进行就业创业课程实践时，更注重其思维能力和实践能力的发展。传统的考核方式显然已不满足就业创业教育的课程体系需要，学生也无法通过考试来获得能力的提升和锻炼，不利于提高大学生就业创业教育的实效性。

三、高校大学生就业创业教育的有效路径

面对当前高校大学生就业创业中的问题，高校要从转变大学生对就业创业的认识做起，改变大学生传统就业创业中"铁饭碗""体制内""不创业就不用

学习"等不良思想,帮助大学生树立正确的就业观、掌握就业创业的方法,在明确自身优势的基础上,提升就业能力,最终实现高质量就业。

(一) 了解学生实际需求

高校就业创业教育要与市场的发展需求紧密结合,充分了解新时代大学生群体的就业思想和就业规划,制定针对性的指导课程,强化大学生就业创业教育的实效性。

首先,大学生就业创业教育应建立在满足学生的实际需求基础上,针对当前学生对就业创业市场出现的盲从问题,教师要及时地向学生讲解国家最新的就业创业政策,如创业免税、贷款审批等。主动了解大学生对创业、就业的认知情况,选择合适的教育教学内容。

其次,制定针对性、系统性的就业创业指导课程,就要主动了解学生的个性特点,结合其兴趣爱好、专业特长进行针对性的岗位分析指导。

在素质教育理念下,学生自身的综合素质也是企业招聘的关键条件之一。因此,教师必须根据学生的个性特点、实际情况,结合其目标岗位针对性提高学生的综合能力。在制定针对性就业创业课程方面,高校教师要主动引导大学生加强个人价值意识,重视职业生涯规划,并根据相关企业对学生的综合适应能力和创新实践能力要求制订科学的计划和方案。

(二) 加强职业规划引导

加强职业规划引导是大学生就业创业教育中的关键环节。当前大学生对于就业信息的了解主要来自网络、专业教师和家庭教育等三方面,大部分大学生对于自我的职业生涯规划并不清晰。一方面,部分大学生甚至仍在纠结于"找什么样的工作""是否要从事本专业工作"的问题。另一方面,部分大学生受不良社会风气的影响,片面地追求网络上那些光鲜亮丽的工作岗位,忽视了自己的实际情况,影响了就业。

基于此，高校教师必须在大学生进入社会之前，帮助其明确就业方向，加强对大学生职业规划的引导，引导其主动将就业目标与自身实际相联系、将个人价值与社会价值相联系、将目标岗位需求与自身专业特长相联系，制订科学化、个性化、实效化的职业生涯规划。在提升大学生综合能力方面，高校教师要将创业课程与就业课程分开教学，提高针对性。可以通过开展丰富的实践活动，鼓励同学们组建团队，模拟创业过程，在交流中实现思维碰撞，激发大学生的内在潜能。在此过程中，教师要着重培养大学生的创新能力、动手实践能力、抗压能力、灵活应变能力等，引导大学生从实际生活中发现市场需求并将想法及时变现。同时，要提高大学生的计算能力和规划能力，保证其能够正确面对创业过程中的各种情况，具备较强的社会适应能力。

(三) 完善课程教育体系

完善高校就业创业教育课程体系，是开展高校就业创业教育的重要一环。教师在教学过程中，必须根据最新的市场需求和学生的实际情况及时调整和尝试，打破传统教学中的专业限制，将就业创业课程教育与大学生的专业课程相融合，为大学生的就业创业提供更多的可能性。

就业创业教育课程体系不能在大学生毕业之前再进行"恶补"和"突击"，而是要从大一开始，就将就业创业教育课程融入大学生的专业课程体系中，逐渐引导大学生在学习中发现自我优势，找到自己的兴趣爱好，结合实际制定就业目标。另外，大学生就业创业教育课程必须加强实践训练。除鼓励大学生到企业进行自主实习、感受真实的就业环境氛围之外，还应该鼓励大学生主动到社会中进行自我就业、创业。

高校还可以在校园内定期组织创业大赛，鼓励大学生以团队的形式入驻创业园，将教学活动与社会实践相融合，对大学生创业项目团队进行及时的指导，对于优秀的创业项目给予一定的奖励，确保大学生创业项目能够顺利落地，不断拉近大学生与创业、就业之间的距离。

(四) 优化创新创业教学模式

大学生在校期间，需要在不断接受传统通识课程和专业课程学习基础上，获得创新创业与就业指导相结合的观念、理论，得到实践方面的教育培养。课堂教学和课外实践是目前高校开展创新创业教育的主要形式，将大学生就业工作融入创新创业教育的课堂理论教学、课外实践活动中，不断丰富教育内容和形式，既有利于提高人才培养质量，也能适应社会对人才的需求。然而，当前许多高校创新创业教育存在教学形式单一、教学内容不够合理、缺乏实用性等问题。

因此，需要从课程体系、授课方式、实践应用等方面不断优化和提升创新创业教学水平，如通过设置更加丰富的创新创业课程内容、开展与专业和行业发展紧密结合的活动竞赛、吸纳行业企业人才参与课程教学、实践培训与实际生产紧密结合等更加灵活多样的方式，让大学生在思想、理论、实践层面都得到与社会发展相适应的培养锻炼，不断提高自身综合能力，以此适应就业和社会对创新型复合型人才的需求。

(五) 构建就业创业协同育人机制

就业是大学生实现从学生转变为社会价值创造者的必由之路，也是关乎千家万户的民生工程，构建以就业为导向的创新创业教育，建立就业与创新创业协同育人机制，将进一步激发创新创业对就业的促进作用。当前，大学生创新创业教育与就业指导课程往往存在授课体系相对独立、内容交互不够深入的情况。

因此，高校在育人体系的构建中应不断加强在协同育人视角下的创新创业与就业指导：一是从课程体系、实践培训等方面将创新创业教育与就业相结合，让大学生在理论学习和实践参与中既能掌握创新创业知识和思维方式，又能综合性地获得就业观念引导和实践技能；二是加强创新创业与就业团队构建，一方面应鼓励具备良好创新创业素养和就业观念的大学生创建合作团队，另一方面应与社会优秀创业团队加强交流合作，提高大学生与社会资源的有效衔接，增强创新创业人才团队的建设成效；三要深化各方合作交流，探索协同育人方式，积极推动高校、企业、社会等各方的交流合作，通过建立和丰富校企合作模式，打造创新创业孵化平台；通过促进政府有关部门和各行业专业人士参与人才培养过程等方式积极调动各方资源，丰富大学生创新创业与就业路径，共同打造创新创业与就业协同育人平台。

(六) 强化组建创新创业育人队伍

师资队伍是高校开展创新创业与就业指导的主体，直接关系到创新创业教育的水平和效果。在创新驱动发展的背景下，当前许多高校创新创业与就业指导师资队伍力量明显不足，缺乏经过系统培训的专业化、职业化、特色化人才队伍。

为进一步满足实际教学和人才培养需求，更好地适应高水平创新创业和高质量就业的要求，高校首先应加强创新创业与就业指导教师的专业化培训指导，优化组建创新创业专职教学人才，提升教学水平和实践实训技能；其次，应建立和完善创新创业与就业课程评价机制，客观有效地评价课程教学质量与效果，促进教学质量的提升；最后，应不断尝试组建"政府机构—社会团体—企业—高校"等多方主体共同参与的人才交流合作模式，更加充分地调动和运用社会资源，将单一的高校主体育人转变为组建多方位联动的育人队伍进行育人，通过外聘校外专业人才、校企人才共育等方式进一步开展高校与多方主体的交流合作，在实现创新创业项目合作、成果转化的同时，为高校毕业生提供更多就业资源，为社会和企业输送优秀人才。

(七) 拓宽创新创业教育领域

随着科技的进步和创新型社会的发展，我国许多新产业、新模式、新行业，如新能源、人工智能、生物信息、新型材料等领域都有了飞速发展，由此也带来了许多新的就业岗位与人才需求，如互联网领域的云计算工程师、项目数据分析师，健康养老领域的社区家庭医生、养老护理员，绿色环保领域的碳排放管理员等新岗位。高校创新创业教育和就业指导应结合社会发展需求不断拓宽领域。

一是密切结合经济社会发展需求与政策要求。充分发挥创新创业课程政策性、理论性和实践性的统一，尤其需要结合国家发展战略，聚焦关键核心产业和技术，依托学科专业特色优势进行人才培养，在提升教学效果和质量的同时，进一步提高人才培养与社会发展的契合度。

二是积极推进产教融合。深化产教融合培养创新型人才是创新人才培养的重要方式，能更好地满足国家产业升级需要。面对新发展、新产业、新业态的变化，高校应结合自身办学特色和优势寻找产教融合突破点，从体制机制、教学体系、资源共享等方面，构建教学实践与产业联动、人才培养支撑产业的产教融合模式，不断加强高校与产业发展的结合度，加快创新创业型人才培养，进一步有效推动高校、企业、学生的共同发展。

第二章　大学生职业生涯发展

第一节　大学生职业生涯的内涵

一、职业的含义和特征

(一) 职业的含义

职业在社会意义上主要是指人们参与的社会实践中为了满足个人生活需求而从事的工作。我国对于职业的定义包含了工作职能和所属行业两个基本内涵。从词性的角度来看，职业由两个含义构成，其中"职"代表着人在社会中的职业；"业"代表着某些行业的特征和工作内容。

在对职业发展的研究过程中，许多理论也对职业的定义开展了研究。美国的理论界认为，现代的职业是个体为了取得报酬而参与的能够产生市场价值的社会活动，职业能够帮助人们确立自己的社会地位，体现个体在社会发展中的价值。日本的理论界认为，职业是由现代社会的分工体系产生的，代表着个体在分工体系中的定位，职业在内涵上应包括工作内容、活动场所和职能差别等。还有学者将职业当作社会关系的一种特殊形式，是能够构成社会生产关系中人与人合作关系的基础，进而产生了属于社会文化的职业体系和职业文化。

通过对各类观点的总结，可以对现代社会的职业做出如下定义，即职业是个体在社会分工体系中形成的特殊工作地位，是个体通过自己的职业技能为社会创造价值，同时获得个人报酬和实现个人价值的过程。

对于社会分工体系来说，职业包含了一定的行业属性和具体工作职能，并且在各个行业和用人单位中形成了职业的层次结构。

（二）职业的特征

1. 职业根源于社会分工

在工业社会兴起后，由于社会分工的出现，职业得以在各个行业中出现。职业的分类和特征也是随着社会分工体系的发展而不断发展的，职业体系中的职能、薪酬、社会价值越来越明确，也相伴产生了职业中的标准与规范。在现代社会中，职业成为每一位劳动者最为重要的社会身份。

2. 职业的社会性

职业的特征也体现在其社会性上，不仅是人们获得生活资料的保障，而且是人们参与社会建设的重要途径。职业也需要得到国家和行业的认可，按照一定的需求和规范来获得发展。

3. 职业的连续性

职业是一种持续性的社会分工方式，即从业者需要在较长的时间内成为某个职业人，才能体现职业的意义。

4. 职业的经济性

职业是社会中的人群取得经济收入的重要方式，保障了人们能够就业，并从职业劳动中获得发展。因此，职业要与劳动者付出的劳动形成经济上的互动，保障劳动者有意愿参与某个职业。

二、职业的分类

职业的分类是与一个社会的分工体系、经济结构和经济发展情况相对应的。从普遍性来看，社会与经济的不断发展，能够带动职业的分类实现优化和精细化。在各个国家中，由于经济模式和社会分工体系有所差异，职业的分类也会出现差别。

(一) ACT 职业分类

"美国大学测试（ACT）"项目按照职业的工作对象类型，把职业分成以数据、观念、人和事物为对象的四种类型，这四项构成了 ACT 职业计划项目的基础。该理论还进一步把职业分成六个工作群和工作类：商务往来、商务操作、技术、科学、艺术和社会服务。

(二) 国际标准职业分类

国际标准职业分类共分为八大类：第一大类是专家、技术人员和有关工作者；第二大类是政府官员和企业经理；第三大类是事务工作者和有关工作者；第四大类是销售工作者；第五大类是服务工作者；第六大类是农业、牧业工作者和渔民、猎人；第七大类是生产工作者、运输设备操作者和劳动者；第八大类是不便按职业分类的劳动者。八大类又分为 83 个小类，284 个细类，1881 种职业。

(三) 我国标准职业分类

我国按照《中华人民共和国职业分类大典》，将标准职业划分为 8 个大类、79 个中类、449 个小类、1636 个职业，其中 8 个大类分别是：第一大类"党的机关、国家机关、群众团体和社会组织、企事业单位负责人"；第二大类"专业技术人员"；第三大类"办事人员和有关人员"；第四大类"社会生产服务和生活服务人员"；第五大类"农、林、牧、渔业生产及辅助人员"；第六大类"生产制造及有关人员"；第七大类"军队人员"；第八大类"不便分类的其他从业人员"。

(四) 职业与专业

高校的专业是指教育机构培养专门人才的学业门类。教育部 2024 年 2 月

4 日发布《普通高等学校本科专业目录（2024 年）》，共有哲学、经济学、法学、教育学、文学、历史学、理学、工学、农学、医学、管理学、艺术学 12 大学科门类，816 个专业。

高等教育在进行专业设置中，需要考虑社会上的职业分工，但专业与职业之间存在很大的差别。高校的专业设置主要来自学科体系，需要符合学科发展的基本规律，完善学科教学，因而专业教育不能等同于职业教育。专业中包含了一部分职业知识和技术，能够为大学生参与某个职业的分工提供知识和能力的基础。因此，高校进行的就业、创业教育需要进一步构建职业与专业之间的联系，弥补专业教学中职业教育的空白。

按照高校的专业设置情况和社会中的职业情况，职业与专业的关系存在以下几种情况。

1. 专业包容职业

高校的一些专业中包含了对大学生的职业能力教育，这些专业的技术性强，能够在课程体系中培养大学生的实用技能，让大学生在毕业后可以将这些技能用于职业工作中。

2. 以专业为核心，职业包容专业

社会中的许多职业包含了综合性的知识技能要求，形成了职业包容专业的情况。高校在专业教学上，能够进行一部分职业能力教育。另外，还需要大学生通过选修课和实践课等方式来提高职业能力。

3. 专业与职业交叉，以专业为基础发展职业

高校中的许多专业是与多个职业交叉发展的，即某个专业的毕业生有参与各个相关职业的基本素质。目前，这种交叉性在职业和专业的关系中十分常见。例如，管理类专业可以帮助大学生进入多个行业的管理相关岗位中。在这种情况下，大学生需要在专业体系的指导下，通过进一步的职业规划，找到适合自

身的职业发展方向。

4. 专业与职业分离

高校中还有一些专业的设置，与社会中的职业分工体系产生了较大的分离。这些专业的毕业生可能只会在基本知识和方向上具备某些职业的从业能力。高校需要通过学科改革和专业调整，避免出现专业与职业分离的情况。

同时，还需要注意的是，在高等教育扩招和改革的情况下，大学本科的专业教育逐渐扩展为一种国民素质教育，而不再是一种精英教育。在这种情况下，大学生在社会中不再紧缺，在职业发展中依然面临着激烈的竞争。因此，高校在培养人才的过程中，还需要通过职业教育来提高大学生的社会适应能力。要指导大学生做好未来的职业发展规划，通过专业学习与职业能力学习融合的方式创造更好的发展优势，不断提高社会实践能力，这样才能将专业教育同职业发展更好地融合起来。

三、大学生职业生涯的基本概念

(一) 职业生涯的定义

职业生涯教育是高校开展大学生就业创业教育的一项重要内容，包含了大学生在未来发展中的整个职业历程。关于职业生涯的概念，目前存在以下几类定义。一些西方学者认为，职业生涯是个人一生中需要经历的与职业发展有关的一切事物的总和，表达了人生发展中的一个连续的过程。还有学者将职业生涯定义为个人在一生工作过程中的经验。

随着当代知识型社会的发展，个人在职业生涯的选择问题上产生了多样性。个人在现代知识、技术和社会环境的影响下，可以不受工业时代单一职业生涯的限制，让自己的职业生涯能够跨越不同的行业。因此，人们也提出了"无边界职业生涯"和"多变职业生涯"等新概念。"无边界职业生涯"指出，在新产生的社会分工组织内，许多职业的界限被新的生产方式打破，许多职员都需要在组织内部进行职业岗位的调整，在不同情况下承担不同的职能。例如，许多从事管理岗位的职员也需要进入技术、营销等岗位，以便让内部用人机制更加完善，管理效率更高。"多变职业生涯"是指，个人通过在就业后的继续深造和终身学习，能够让自身的职业发展不受到特定用人单位和行业的限制，按照自己的价值需求转变职业。这样的职业发展方式，让个人的职业生涯容纳了更多的内容，使个人经历职业生涯的过程更加丰富，可以通过职业的转变取得人生上的更大成就。

各国在对职业生涯概念的理解上存在很多的不同，从内涵上分析包含以下内容：一是职业反映的是社会个体成员在职业发展过程中产生的变化。二是职业生涯包含个人从参与工作到退休后的整个时间历程。三是职业生涯具有动态变化的属性，在同一个人的生涯中可能会包含多种职业内容。

（二）职业生涯的特性

职业生涯在特性方面具有以下内容：一是职业生涯的方向性，主要是随着人的发展而向前发展的方向性；二是职业生涯的时间性，需要伴随个人的一生经历产生持续发展的过程；三是职业生涯具有空间属性，生涯代表着个体在社会群体中的地位和关系，同时包含个人所属的组织、行业、地理空间等内容。

（三）职业生涯的类型

我们可以按照个人职业生涯出现的动态变化属性对职业生涯进行分类。

1.传统性职业生涯

传统性职业生涯是在传统社会职业体系下形成的，一般具有基础性、稳定性的特点。其中更多代表着一些古老的职业，而这些职业具有一定的特殊性、专业性，并且能够形成较为独立的职业成长规范。如教师、医生等职业，通常都会具有十分稳定的职业生涯体系，从业者在进入这些职业后，通常不会发生职业转换，并且会按照职业成长的规律稳定地度过职业生涯。

2. 易变性职业生涯

这一类职业生涯会因为个人在能力、作用等方面的变化而发生变化。同时，个人也会因为内外因素的影响，产生工作职能的转变。例如，许多服务业职业会随着个人的发展而产生质变，个人的职业生涯会转变为管理等方面的职业。

3. 经验性职业生涯

经验性职业生涯主要是个人在其职业的发展历程中，职业的本质不改变，而个人对职业的理解、工作能力等方面出现变化的生涯经历。一个人在从业过程中，随着不断积累经验，不断进行继续学习，其在职业能力、职业精神等方面的素质会得到积累，也会产生质变。职业生涯产生的积极作用也会反映在个人素质品质的成长上，使其成为个人终身拥有的财富。

4. 环境性职业生涯

环境性职业生涯主要是一个行业或组织内部的个体产生的职业生涯变化。通常表现为用人组织为了提高生产效率，对从业者进行培养和为个人发展提供的环境等。在一个人的职业生涯发展过程中，在良好环境的影响下，其职务待遇、工作保障、工作条件都会不断改善，让个人职业生涯呈现向上发展的趋势。

(四) 职业生涯的发展阶段

在个人的职业生涯教育过程中，通常需要将个人的职业生涯划分为不同的发展阶段，再按照各个阶段的特性进行分析和研究。其中，影响职业发展的因素可能来自内部和外部两个层面，因而个人的职业生涯发展也出现波动性和不确定性。

1. 探查阶段

探查阶段是教育培训者或个人对于未来职业情况及职业发展计划做出的预期规划。通常来说，当个人还没有进入社会环境时，就会形成对职业生涯的探查。有些探查是非正式的，其中包括家长、朋友、长辈等对个人的期望。有些探查是正式的，其中包括学校进行的职业教育、社会进行的职业培训等。当学生群体还处于学习知识技能的阶段时，就需要努力做好对职业生涯的探查，能够做好未来的职业定位，并对短期内的职业发展情况做出判断。

个人对于职业和职业生涯的经历，有些情况下是经过精心的探查和准备的，他们在心理、能力等方面已经做好了从事某些职业的规划，结合职业发展树立了自己的人生发展目标。对大学生来说，还有一些大学生受到主客观条件制约，无法对整个职业生涯做出探查，他们可能会受到舆论影响而选择职业，也可能会按照就业压力等问题非主动地做出职业选择。

2. 个人评价阶段

个人在形成了一些职业生涯经历或者受到了职业教育、进行了职业调查后，会按照自己的意志对职业生涯做出评价。许多人会按照评价的结果，确定自己是否要选择某些职业，或者是否准备进行职业生涯的转变。在评价过程中，一个人掌握的信息越丰富，评价的结果就越有效。在评价时，职业与个人的关系是重要的依据，有些人会从前景、实际收益、个人喜好等方面对职业生涯做出自己的评价。

3. 分析阶段

分析阶段是个人在获得职业发展信息后产生的分析过程。分析是与评价活动相互关联的，有些人会先进行分析，再做出评价。有些人则是按照评价产生的结果，继续对职业生涯发展进行分析。个人在分析过程中，取得的信息和分析的重点是各不相同的。结合个人的职业诉求，各类信息在个人心目中的价值也会产生很大差异。例如，大多数人在分析职业生涯时，会关注实际报酬、职业前景等信息；还有一些人会对职业所在的地理环境格外重视。

对职业生涯的分析，会让人们以更加科学、全面的角度来看待自己的职业发展。职业生涯产生的价值观体系对个人发展有着重要影响，职业的价值观体系能够与个人价值观念和理想相适应，成为许多人分析职业生涯的重点考虑问题。

4. 做出决定阶段

做出决定阶段主要是个人在职业生涯中通过分析、评价形成的职业发展预期规划。这个阶段需要个人能够对自己的职业做出选择，规划自己的发展目标。个人对职业生涯做出的决定，需要符合个人的实际情况和工作岗位的需求，能够借助内部和外部条件加以实施。大学生在选择职业岗位的过程中，也需要依据自己找工作的情况做出职业生涯决定。在入职之后，个人也能够按照实际情况对职业生涯做出调整。

5. 计划阶段

职业生涯的计划阶段主要是指对一段时期内的职业发展做出的计划。计划具有两个方面的属性：一是要具有目标性，个人应该对未来一段时期的职业发展形成总体目标，并将其分解为阶段性地实施目标。要围绕目标来确定个人职业发展的过程。二是要具有可行性，大学生在入职后，应该改变过去存在偏差的职业发展规划，按照实际情况制订可以实施的具体计划。例如，做好在工作岗位上的继续学习计划，做好工作过程中的行动计划等。

6. 实施或开发阶段

实施或开发阶段是按照职业生涯规划采取的具体行动。个人在职业生涯中的行动也需要围绕一定的目标来进行，有些情况下要结合目标来改变自己的行动；有些情况下要围绕实施条件和结果来调整目标。同时，为了实现个人职业生涯的高质量发展，个人还应该重视对职业资源和个人能力的开发，其中包括建立新的人际关系和合作关系、创造新的成果、进行新技能的学习等。

7. 生活—工作管理阶段

职业生涯伴随着个人一生的发展历程，除了与职业相关的目标、内容和实施工作外，职业生涯也影响着个人价值的实现和生活质量的提高。因此，人们在发展自己的职业生涯时，势必要做好生活与工作的管理。生活中包含着许多工作之外的内容，如家庭、婚姻、亲情关系、对下一代的培养等。处理好生活与工作的关系，合理分配个人时间、精力，配置个人所拥有的财产等都是职业生涯过程中应注意的内容。

（五）职业生涯发展与人职和谐

人职和谐主要是指个人与职业的匹配程度，个人在职业生涯发展中体现的个人需求和能力等。只有实现了人职和谐，才有更大的可能促进个人职业生涯的快速、健康发展。在现实生活中，许多人存在人职矛盾的问题，其中包括几层含义：一是个人的能力、素养等与职业要求不够匹配，导致个人无法做好本职工作，影响了职业生涯发展；二是职业生涯与个人的实际需要不匹配，导致其在心理上难以产生积极动力，出现了工作辛苦、心理不适等问题。理想中的职业生涯发展在于通过职业生涯体系能够实现人在个性、素养和心理上的平衡发展，即职业不仅给人带来经济收益，也能让人在精神上得到满足。

人职和谐的实现，应使个人的发展与职业的需要产生良性互动，其最终目的是实现人的全面发展。当个人的价值得到体现时，个人作为劳动者才能体现出更优秀的工作能力和创造力，从而推动职业和各个行业向前发展。人职和谐也是社会进步的象征，要通过职业对人的能力、素养进行塑造，从而实现社会整体的进步。

个人在接受职业教育和进行职业规划时，也应对人职和谐关系的建立做好计划。一是能够确定与个人发展目标相一致的职业生涯目标。二是不断提高个人能力，努力进行个人综合素养的升华，从而产生更好的职业适应性。三是全社会需要营造职业环境,遵守职业道德和职业精神,构建合理竞争的职业发展体系,创造良好的人际关系。

人职和谐在经济、社会发展中产生的作用包括:一是人职和谐是各个职业得到长久发展、创新发展的基本动力。人职和谐需要在各个行业提高生产力水平的基础上,进一步调整生产关系,完善分配制度和就业环境,让职业能够与个人产生更好的适配性,努力实现个人的发展。二是人职和谐是社会创新能力的基本动力。只有职业和职业人群得到尊重,个人的发展得到保障,人的创造精神才能体现在现实生活中。三是人职和谐能够为社会精神文明的进步奠定基础。人在社会关系中,很大一部分都是处于职场关系中。职业发展的和谐将会对社会文明的进步产生推动作用,人职和谐在社会范畴内体现为责任心、职业道德、职业规范。如果人们能够在职业生涯中体现道德素养和爱岗敬业精神,那么人际关系也会更加和谐。

四、大学学习与职业发展

(一) 大学学习的价值

1. 大学为青年人提供了适宜的成长环境

大学生都需要通过接受高等教育来构建职业生涯发展的基础,高校中的环境既是一种学习环境,也是一种社会环境。大学生如果身处的学习环境较好,学习质量较高,则会对职业发展产生明显的推动作用。

高校成长环境需要为大学生学习知识、提高能力、初步适应社会环境奠定基础。一是高校通过各门课程的教学及其他课外学习环境的建设,为大学生创造了学习各类知识的条件。在良好的环境下,大学生学习的主动性提高,从而形成一种良好的学习氛围。如果大学生产生了某些学习需要,通过图书馆、知识讲座和各类公开课都能获得学习的机会。二是高校中的人际关系氛围也是以学习为主建立起来的。大学生接触的人群主要是教师和同学,这些群体能够产生共同的学习需要,可以通过各类活动沟通思想、共享知识。三是高校能够为大学生初步接触社会创造环境。在大学教育体系中,包含了社会实践、社会工作和校园活动的形式,学生在其中可以初步发挥个人的能力,展现自己的价值,并初步构建人际关系。

2.大学为青年人提供较高的职业发展起点

高校教育让大学生能够成为社会中的高层次人才,在职业起点上产生了较大的优势。当前社会对知识型人才的需求依旧较高,许多职业都是受过大学教育的人才能从事的。大学生可以按照自身情况选择在本科学习后参与工作,或者继续进行学历和能力上的深造,而高校能够为大学生人生的发展提供相应条件。通常来看,接受过大学教育的人才,在职业生涯的规划上会产生新的目标,成为青年人发展的基础。

(二)大学学习与职业发展的关系

当代社会是围绕知识经济和知识社会建立起来的,知识、信息等成为推动社会进步的主要因素,也是产生创新驱动力的基础。大学生在职业发展过程中,最大的优势就是接受了系统化的学科教育,拥有一定的专业能力,能够通过职业发展将这些知识基础转化为个人的职业能力。

高校的大学生职业教育需要在知识教育的基础上,深化专业教学与职业发展的关系。一是鼓励大学生在校园内多学习,完善知识结构,打牢专业知识技能的基础。尽管专业与职业之间存在一定差别,但大学生掌握的专业知识是未来职业发展的根基,体现大学生的思维能力、理解能力和知识应用能力的协同发展。二是大学生在学习期间,也要初步制订个人职业发展的目标和计划,要按照目标和计划有目的地学习,主要是学习一些必要的职业能力,包括外语、管理、职业素养、信息技术等。三是大学生应利用大学的学习机会,重视个人综合能力的提升。要在高校提供的平台上，积极构建自己的知识体系，主动参与一些有价值的社会活动，锻炼自己的社会适应能力。

第二节　大学生职业发展的理论

在培养优秀人才的过程中，较为完善的职业发展理论逐步被构建起来。这些理论可以帮助教育机构或企业集团对人才进行职业化培养，使人和职业之间产生更强的适应力。其中主要的理论体系有职业选择、职业抱负发展、职业生涯决策和社会认知职业等基本理论。这些理论对于高校的职业教育也能起到重要的指导作用。

一、职业选择理论

职业选择理论关注的是个人对职业的选择，选择的依据是个人价值的实现，同时还关注个人与职业的适配关系问题。许多学者会从人的价值需求和心理需求上看待职业发展，从而围绕人格特质、人的需求体系等关注社会中的职业体系建设。因此，这一理论能够将个人的自我意志和自我实现充分体现出来。

(一) 特质因素理论

特质因素由心理学中人格特质理论发展而来，可帮助职业教育领域按照人的本质需求来创造职业需求，帮助人们做好职业上的选择。

心理学者帕森斯（Frank Parsons）提出了人在选择职业过程中的人格因素作用，按照职业需求和人与职业的关系进一步分析了人格特质产生的作用。个人在做出职业选择时，需要对个人做出分析后才能产生一定的职业需求，同时人也需要判断自己在人格特质上是否能够适配符合条件的职业。因此，人的主观能动性在职业选择上产生了十分重要的作用。

这一理论将人的职业选择过程划分为三要素，即个人对自我产生认知；个人要学习相关知识；个人要实现自我与职业需求的整合。围绕这一理论，人们在进行职业教育时，应将个人的职业选择划分为三个阶段。一是要重点关注个人的人格特质，帮助受教育者完成对自我的分析，并能够帮助他们完善人格素养。二是整合有关职业的知识体系，对受教育者开展知识、技能教育。三是分析人与职业的适配性，关注某一职业能否在心理上满足个人的诉求，个人能否在职业发展上取得优势。

特质因素理论还从人格上将人与职业的适配情况划分为两类：第一类是职业要素上的适配。其中主要指的是社会中的许多职业对人的某些人格素质有着一定的要求，如创造性职业对人的创新能力的要求；体力职业对人的吃苦精神和体质上的要求等。在职业选择过程中，个人需要具有这样的素质或者后天培养出相关素质才能形成适配。第二类是人格特质因素上的适配。其中主要指的是个人在人格上的一些特征会使其对职业产生某些诉求，如果职业达不到诉求，就会让人难以适应职业环境。例如，情感丰富的人对艺术表演职业的选择等。

特质因素理论采用了经典的心理学相关理论创造了职业教育、职业选择等方面的原理、方法。直到今天，这些理论仍具有较强的指导作用，实际操作性也比较强。然而，在知识型社会环境中，这一理论的静态模式也暴露出了一些局限性。

(二) 职业性向理论

职业性向主要是将人们对职业的需求划分为不同的类型，并且将个人在个性、精神、品质等方面的影响加以分析，将个人素养中与职业相关的要素提炼出来，从而划分职业性向类型。

这一理论研究主要将个性—职业的相互适应关系划分为六大类。

第一类是现实型（R）：这一类人群会关注现实生活，在学习过程中能够专注某些职业技能的发展，比较适应在技术型职业中体现个人价值。同时，这一类人群的实践能力较强，在性格上热爱使用工具，积极投身于建立人与物质对象的关系。例如，机械、农业、建筑等相关的职业及从业者可以被划分为此种类型。

第二类是研究型（I）：这一类人群更愿意在学科体系中参与学术研究活动，通常具有较强的逻辑思维能力。许多学者、教师、医生等职业和从业者都属于这一类型。

第三类是艺术型（A）：这一类人群具有思维发散的能力，喜欢释放天性，具有很强的创意能力，并且在生活中也会对艺术审美产生较高的需求。在社会中，大部分艺术工作者都属于这一类型。

第四类是社会型（S）：这一类人群具有很强的交际能力，个性比较开放，语言表达能力较强，愿意与其他人建立联系。在学生时代，这类人群就能够积极地参与各类社会活动。律师、服务中介等从业人员都属于这一类型。

第五类是企业型（E）：这一类人群具有较强的管理能力，语言表达和资源整合能力较强，善于发现社会中的机遇。社会中的商业管理者和创业者通常都属于这一类群。

第六类是常规型（C）：这一类人群在生活中愿意进行有规律的生活，喜欢生活的稳定性，同时对家庭、社会的责任感较强。

在职业教育过程中，个人在性向类型上会融合多种类型，但也会出现某些具有支配作用的特质。人们在进行职业选择时，未必会按照具有支配性的特质做出选择。随着人们职业能力的提高，职业所提供的性向将会提高，并成为个人在个性上的主导因子。在各个职业类别中，职业形成的环境和功能性，会对从业者提出性向上的要求，并产生具有主导作用的性向要素。

(三) 心理动力理论

20世纪中后期发展起来的人本主义心理学，对个人的职业发展和职业教育产生了重要影响。该心理学在职业发展的研究领域，提出了"心理动力论"和"期望价值论"两种观点，在职业发展中，注重人的发展和实际需求，帮助人们塑造正确的职业选择思想。

1. 心理动力论

心理动力论是由美国心理学者提出的，这一理论重点分析了个人进行职业选择的内在驱动力，并且通过科学手段分析个人产生心理动力的主要因素。这一理论指出，个人在做出职业选择过程中，必然伴随着职业为自己创造的心理满足和价值实现方面。个人心理产生的内在动机体现在很多心理层次上，如兴趣、人格、能力、成就感、自信心等。

产生心理动力的影响因素来自个人成长和外界环境等方面，其中主要体现为以下几种形态。

(1) 个人在进行职业选择之前，其在童年和学生阶段的学习经历、人生经历能够影响人格素质和其他品质，让其在职业的心理动机上产生原动力。

(2) 个人在幼年阶段养成的习惯等，会在以后的职业选择中产生重要影响。

(3) 家庭环境能够深刻影响个人的职业选择与职业生涯。其中父母、亲人所属的职业情况是最为主要的影响因素。

(4) 成人在职业生涯体验中依然会产生儿童时期的心理状态、需求和冲动等。

(5) 个人对职业信息的掌握程度，在职业选择上的作用需要重视，可能会造成个人职业选择上的错误。

在社会实践中，个人对职业的选择会产生以下几种结果。一是个人对职业选择产生某种依赖性。有些人群可能在成长过程中受到家庭、学校的深远影响，在心理动力上缺少自主决策能力，因而映射到了职业选择上。二是个人在职业选择上缺乏信息依据。三是个人由于心理原因，产生了对职业生涯的焦虑，从而难以做出选择。

对于职业发展教育来说，心理动力论依然采用了心理学的理论和方法，并且对于人们分析受教育者的心理状态和心理诉求具有十分重要的作用。在社会中的职业发展和选择中，任何一种职业都可以在限定范围内满足人们的心理需求，这也是职业能够获得源源不断的人才的动力。同时，心理动力机制与就业环境、社会发展水平和个人受教育水平等相互影响，通常受教育程度越高的人群，其心理动力对职业的影响就越大。心理动力会在个人的职业发展中持续提供驱动力，可以帮助人们继续当前职业的发展或者做出职业生涯的改变。

2. 期望价值论

期望价值论针对个人对职业的选择与期望值及实际产生的效果进行分析，并提出了三者之间的公式关系，即 $F = V \cdot E$。

这一公式中的 F 是心理动机产生的度量，来自个人对职业发展的努力程度。V 是个人在主观上对所要选择的职业产生的评价。E 是个人对职业发展产生的目标和期待。

在这一公式中，人们在从业过程中产生的主观评价是个人在工作中的积极性、创造力等努力程度的主要影响因素。个人对职业的期待值相对稳定，如果评价过低，那么二者在相互作用后，也难以给个人带来动力。评价低于一定的阈值后，个人就会失去职业选择动机，这时他们在心理上会倾向做出更换职业的选择。

按照期望价值论，人们在进行职业选择时，通常会根据心理上产生的评价做出决定，这种评价会影响个人选择某种职业的概率。个人通常都会在多个职业中进行选择，采用对比的方法来衡量各个职业的效价。效价与个人的目标共同构成了期望价值,期望价值最高的职业往往会成为人们选择的对象。

二、职业抱负发展理论

职业抱负发展理论重点分析了个人产生职业期待、成就和职业发展过程中的各类因素,重心在于体现个人与职业的发展方面。因此,这种理论能够将心理学对人的研究扩展到整个社会学领域。在个人职业抱负方面,主要存在三个主要因素,即个人性格、社会价值和行业领域。

这一理论同时指出,个人职业抱负的发展,需要经历范围不断缩小的过程,即随着职业的发展,个人的职业抱负会越来越明确,一些不需要的内容会从主观上被抛弃。个人职业发展的过程中,不会完全凭借个人的兴趣来做出选择,有些主观上不喜欢却更容易达成的职业目标,有可能成为个人新的职业抱负。

在职业抱负发展理论中,有些学者还提出了自我概念的发展规律。自我概念也是一个心理学中的理论,主要是让人们认识到自我有什么样的特性,还要回答自我将发展成为什么样的人。职业发展也是自我发展的一部分,既包括人在心理上的成长,也包括人适应社会的过程。

以职业发展来划分,人的自我成长过程和抱负的实现过程可以划分为以下几个阶段。

第一阶段是懵懂阶段。一般是人在婴幼儿时期,初步形成了一些想法和认知,会按照最简单的本能对事物产生判断,但未产生自我认知的能力。在认知领域,婴幼儿会形成大人与孩子的概念,也了解一些职业具有的属性。

第二阶段是性别识别阶段。一般是在学龄前的儿童时期,儿童在思考能力上有了提高,自我概念已经开始形成,能够将自我与他人区分开来。儿童的主要识别方式是形成了性别的概念,会在许多事情上进行性别的判断。对于职业的认知,也依靠性别来认识,并且能够对自己的性别产生自信,与异性产生边界感。

第三阶段是社会评价产生阶段。通常是指14岁以下的青少年群体，这个阶段的青少年已经开始系统地接受家庭教育和社会教育，对他人的看法会通过社会地位等问题做出判断。他们能够通过父母、教师和其他成人的职业形成社会认知，社会职业产生的收入、地位、影响力等方面的差别会深刻地影响青少年。同时，尽管这一阶段的青少年的自我意识仍较为欠缺，但也会产生对自己的职业期待，他们会通过不切实际的想象来谋划自己未来想参与的职业，且通常会考虑那些具有较高社会影响力的职业，如成为领袖、企业家、科学家等。

第四阶段是通过自我导向形成职业抱负的阶段。14岁以上的青少年进入了快速发育时期，在身心上都会快速成长。这个阶段的青少年会产生较为强烈的自我意识，会借助内在的、不完善的自我意识对外界事物做出重要判断。在职业认知上，他们会凭借自身的感受来评价某些职业，对于职业产生的价值和抱负，也会完全凭借自己的心意来进行。通过内在的感受，他们会产生一些贴近现实的职业理想，并且在行动中按照初步的理想进行努力。

总之，个人职业抱负的发展过程，与人由儿童至成年的成长发育阶段存在必然联系。在各个成长过程中，人的职业抱负会从十分宽泛的领域逐渐缩小，从外在转变为内在选择的过程，最终转化成为自我意识的一个构成因子。同时，随着青少年认知能力的加强，职业抱负也会呈现出向现实妥协的特点。职业抱负拥有一个不断受到限制的过程，最后会落实到某些具体的、单一的范畴之内。但学校、社会、家庭在对学生进行职业教育过程中，要注意职业抱负在青少年内心不应被限制得过窄，避免青少年和大学生群体为了某些特定职业做出太多牺牲，也要注意不要让过窄的职业抱负限制了学生的崇高理想。

限制、妥协是职业抱负形成过程的关键因素。限制体现在范围上的限制，是学生群体不断拒绝一些不能接受的职业范畴而产生的结果，最后可能只剩下一两个职业。妥协是主客观作用的结果，通过个人不断学习知识和社会经验，对个人和社会有了更清楚的认知，职业抱负就会出现妥协性。这种妥协可能会让学生放弃了自己曾经热爱的职业理想，去选择那些不够喜欢，但有很强的现实意义的职业。妥协的过程来自以下几个方面，一是个人会在自己的兴趣喜好上做出妥协；二是会在社会价值上做出妥协；三是会在性别等其他因素上做出妥协。

三、职业生涯决策理论

职业生涯决策理论是根据职业生涯管理形成的理论观点，主要研究的对象是个人职业生涯整个过程中的经历与决策。

(一) 生涯决策理论

古典的职业生涯理论，会将人们对职业生涯的决策看作一个自然发生的过程。主要观点是，当人们对职业生涯发展做好充分的准备后，决策就随着人们学习和参与职业过程自然发生。这种观点是与传统的工业社会中职业发展和劳动力的发展方式相一致的。有些学者主张，当一个人参与社会中的一些职业时，会从主客观方面得到与职业有关的信息，可以帮助他们做出正确的职业决策。然而，许多现实实践否定了这种观点，从而引发了对决策在职业生涯发展中产生的独特作用的关注。

许多研究表明，在做出职业决策的过程中，个人的主观意向和各项行动都是十分重要的，不会仅限制在对个人接受的教育等信息进行加工。随着社会的发展，个人能否对社会产生适应力成为进行决策的关键因素。因此，依据后来的理论，个人的认识能力提升会在职业决策中起到决定性的作用。在职业生涯理论体系中，决策理论也成为一个不可替代的体系，进而发展成为关于职业生涯研究的独立理论系统。

1. 生涯决策理论的核心要素

职业生涯决策是个人做出一系列人生决定的集合，也是最后的结果，受到了许多要素的影响。个人的职业决策需要通过多方面分析之后，评估其中的有利因素和不利因素，最终才能完成。不同的个体和职业属性，会产生具有多种差异性的职业生涯决策结果。按照个人产生决策的过程，可以建立职业生涯决策产生的规律体系。

（1）预测系统。在这个系统中，个人进行的决策是按照职业的行为规程和评估结果来产生的。例如，许多大学生在学习期间会对未来想要从事的职业进行预测，预测的依据是自己的学习情况和这一职业的发展态势等。

（2）价值系统。在这个系统中，个人要通过对自我产生的认知，按照个人的兴趣、理想和价值观等做出职业决策。

（3）决策系统。在这个系统中，个人需要对职业进行多种评估，按照最后的评估结果做出职业选择。

①通过评价，产生自己对于职业的期望值。

②通过分析职业决策产生的成本、收益、机会等，对适应自己的职业做出选择。

③在职业选择过程中，要淘汰那些不适宜的职业。

④在选择过程中，通过妥协、评价等策略，产生一个具有可行性的职业发展方案。

2. 生涯决策理论的重要历程

一些学者按照职业生涯发展的理论，将个人的职业生涯决策看作一个过程模式来进行研究。从过程上看，职业决策具有流程性、时间性，是由不同的决策阶段和行动环节组合起来的。

第一，产生职业决策的预期。个人在选择职业之前，会进行相关方面的信息收集，包括主动学习、信息检索，还包括其他人的信息传播等。例如，父母对孩子的职业期待也是一种职业决策的预期。

第二，在产生职业决策方案后，对职业进行调整。个人在产生职业预期后，会通过社会实践来验证能否做出选择。有些时候，个人在能力上达不到职业的要求；有些时候，个人对职业产生的评价结果不符合自己的预期，这些原因都会导致人们对职业决策过程做出调整。例如，大学生在毕业初期进行的实习、应聘环节都是一种职业决策调整的过程。

我国学者也对个人职业生涯的决策过程进行了归纳，主要观点认为，职业生涯的决策是一个不断变化的过程，许多个体的、偶发的要素不会产生决定性作用。通常来说，职业决策有以下几种流程。

①针对职业预期，对职业决策形成多种备选方案。

②对自己预期之内的职业进行深入评估，按照评估的结果来判断职业的合理性。

③按照评估的结果做出实际选择。

④按照行动和实践结果来考察个人与职业的匹配情况。

⑤通过现实与个人的主观选择，形成最终的职业选择结构。

3. 生涯决策理论中的社会学论

职业生涯的社会学理论，主要是从个人受到的专业教育和职业培训方面进行分析的。个人的职业预期程度会受到教育水平、知识结构和社会环境的影响。其中，社会就业环境对个人的选择有时会产生十分重要的影响；同时，个人在受教育过程中形成的特长、能力优势，也会在职业决策中产生一定的作用。

这一理论将个人成长过程中的经历和外部环境看作十分重要的因素，学校和社会在面向学生进行职业教育时，也需要关注相应的问题，能够从社会发展的视角引导学生的职业生涯选择行动，一起帮助学生树立职业目标。

（二）认知信息加工理论

这一理论是从认知和信息加工学说的观点中总结出来的，将人的认知过程与信息加工结合起来，构成人们在职业信息加工中的金字塔体系。

1. 认知信息加工金字塔

认知信息加工金字塔是将人们对信息的获取、加工和分析过程构建成塔形的层次结构，主要产生了三个层次。

第一个层次是人的认知能力。人在成长、学习和社会经验积累中，会产生认知能力，并且不断增强，具有在外界环境中获取信息的能力。对于职业信息来说，人们通过认知能力，取得的是自我信息和职业信息两类信息。自我信息是人在成长过程中在自我意识上形成的与未来发展有关的信息，其中最主要的是受教育过程中形成的知识、技能，其次是个人主观品质上的信息，包括理想、兴趣等。职业信息主要是学校、社会给学生群体带来的就业相关信息。

第二个层次是个人产生的决策信息。个人通过受到职业教育或者凭借自己获取的信息，能够产生进行职业决策的能力。

第三个层次是个人在职业决策中的信息加工。人们在制订某些职业决策计划后，需要为了实现职业发展目标而采取行动，如工作中的行为和个人的学习行为等。

2. CASVE 循环

CASVE 模型是交流、分析、综合、评价和执行五个决策过程的集合。在决策过程中，这五个环节也会产生循环效应。

（1）交流（Communication）。交流是个人与外界进行的信息交流，个人与其他人交换的信息、对职业环境产生的认知、对职业能力的学习都是交流的主要方式。通过交流，个人能够了解到自己在职业选择中出现的一些问题。例如，个人产生了与职业的不适配，个人在认知上出现的错误等。信息交流活动会让个人对职业产生更多的认知,并且可以反思自己形成的职业选择决策,调整自己对职业发展形成的预期。

(2)分析(Analysis)。分析是个人对交流后产生的各类信息进行分析的行为。为了职业的发展,个人将知识、社会经验等重新进行整理和加工,找出自己在职业生涯中产生的优势和劣势。在这个过程中,个人还会对职业作出评价,确认某一职业是否是自己想要的结果。

(3)综合(Synthesis)。综合的过程是个人将职业选择的范畴进一步加工,包括增加或减少备选的职业,对职业所属的单位及社会环境做出综合性的判断。

(4)评价(Valuing)。评价是指个人按照信息加工的结果,对职业产生的主观评价。评价是一个综合过程,个人通常会从自我角度对职业本身的价值进行评价,从而进一步对比职业的优势和劣势。在评价时,个人也会听取社会环境对某一职业产生的评价。

(5)执行(Execution)。执行过程是对职业决策计划进行的实践上的准备。其中人们为了就职进行的专门培训、个人在职业选择上准备的材料、个人在岗位上的实习实训都属于决策执行过程。

3.元认知加工理论

元认知是人的思维本身所具备的进行信息加工的能力,也被称为对认知形成的认知。元认知一般伴随着自我认知、反思、意识调整等心理活动。

在进行职业生涯决策时,元认知起到了关键的作用,通常有以下几方面内容。

(1)元认知能够帮助人们制订自我发展计划。个人参与任何活动,都会在头脑中形成一个计划,树立某种预期,并且会为了实现计划而想出多种对策。

(2)元认知产生的自我交流能力。人们通过思考,可以在头脑中进行对话交流，会帮助自己提出一些问题，并且想办法解决这些问题。自我对话是人们进行职业决策分析的重要手段，当自我对话产生某种结果后，就会形成一定的评价和决策。

（3）元认知形成的自我反思。个人会对想法、行为和行为产生的结果产生反馈，从而反思其后果。通过一系列反思，个人会在意识上形成自我管理能力。在职业生涯中，通过自我反思，个人能够平衡自我和他人的关系，既要让自我得到积极反馈，也需要顾及其他人的感受和利益。

（4）元认知对个人监督的作用。通过元认知，人们会产生对认知本身的监督。其中包括激励自己进行更多的信息收集，并以更加全面的角度做出判断。对于已经形成的一些想法和决策，能够进一步审查，从而帮助自我找出一些没有发觉的问题。

（5）人的自我调节和评价。通过元认知的反思和监督，个人会在决策过程中产生进一步的调节，要逐渐改变一些已经牢固但无法执行的决策计划，让自己在职业决策上向客观情况靠拢。自我评价是个人按照内心的一些标准对自我做出深层次的评价。

(三) 职业锚理论

1. 职业锚的含义

美国的一些高校在进行大学生职业教育中，创造了职业锚理论。这一理论是按照学生在进行职业决策时产生的基本认知而构建的基本观念解读，在职业选择过程中，要以职业锚为评价标准，让个人在职业选择上不发生偏移。

职业锚包括以下几项内容：

（1）划定个人才能的职业锚．个人的才能要通过职业的实践进行检验。

（2）形成自我选择的需求。在实际中要通过自我评价、反思和他人评价，为自己的职业选择树立需求目标。

(3)在价值观方面树立职业观。职业选择的价值观包括个人价值观和职业本身形成的文化属性。

2. 职业锚的类型和特征

人们总结出八种类型的"职业锚"：①技术/职能型。②管理型。③自主/独立型。④安全/稳定型。⑤创造/创业型。⑥服务型。⑦挑战型。⑧生活型。

(1)技术/职能型职业锚。技术/职能型职业锚产生的基本职业要求是个人的技术能力，它是人们选择职业和获得职业生涯发展的基本能力。选择相关职业的从业者必须让自身具有这样的职业能力。在职业发展中，个人要以技术为基础锚点，让自己积极参与技术的研发和应用。如果职业生涯出现了职业锚的变化，那么个人需要想办法做出某些改变，使职业变化不会脱离职业锚。例如，许多技术岗位人员在升职后，进入管理、经营岗位就会面临这样的问题。

(2)管理型职业锚。管理型职业锚突出的是人在管理过程中具有的优秀素质，其中包括交流能力、领导力、个人魅力和决策能力等。管理者需要通过自己的能力，将被管理者整合为一个团队，自身需要在团队中做出正确的决策，并具有承担责任的意志品质。同时，要形成综合管理能力，包括对人的管理、对财产的管理和对成本的管理等。管理者如果加入其他岗位，目的是让管理更加有效，而不是学会其他职业技能。

(3)自主/独立型职业锚。自主/独立型职业锚能够让人们按照自己的主观意愿参加工作，社会中一些灵活性、创造性的职业能够适应这类人群。例如，许多人愿意让自己的工作时间更加自由，而不愿意盲目遵守企业的工作时间表，就会选择一些灵活办公的职业。有些人愿意通过自我创业的方式开办一些服务型企业，如个人工作室、中介服务、自媒体、信息咨询等，体现了自主/独立型职业锚的特点。

(4)安全/稳定型职业锚。安全/稳定型职业锚适合一些大型企业、公共机构中的从业者。这些职业能够给从业者带来更加稳定的收入、职业上升空间和社会保障，工作内容的计划性较强，符合从业者的心理诉求。这些人员还具有较高的责任心和对从业单位的忠实度，不愿意频繁地调动岗位和工作。许多中层就业者会选择相关的职业，不追求在职业发展中的挑战性，而是更关心自己能否拥有稳定的生活环境。

（5）创造/创业型职业锚。创造/创业型职业锚会让人们将大部分精力和资源用在项目创新和企业创造方面。要求创业者具有很强的冒险精神、拓展业务的能力和创造力。许多具有创造/创业型职业锚的人员在为其他企业工作时，就会按照这一锚点为以后的创业活动进行准备。当这些人员把握住创业的时机时，就会努力成为一名创业者。

（6）服务型职业锚。服务型职业锚在多个服务行业中是最为主要的职业锚，会让人们从对他人、社会的服务过程中获得成就感。具有服务型职业锚的人群会具有很强的社会责任感，愿意与其他人交流，在人格上也具有较强的亲和力。

（7）挑战型职业锚。挑战型职业锚一般会产生于一些意志力较强、不安于现状的人群当中。这类人群在长期稳定、无变化的职业环境中会产生心理上的不满足感，从而主动地选择一些有挑战性的工作。挑战性的工作会带来一定的风险，有可能让从业者产生失败，但这类人群在意志上足够坚强，具有很强的抗压能力，有能力在失败中吸取教训。在一般的行业中，挑战型人群通常会参与一些高风险、高收益的项目活动。另外，职业运动员等特殊职业也要求从业者产生挑战型职业锚。

（8）生活型职业锚。生活型职业锚更加注重个人生活或家庭生活，能够将自己的职业与私生活做好安排。通常这类人群在职业选择上会注意其对生活的影响，让职业能够提高自己的生活质量，同时，他们不会选择那些可能影响正常生活的职业。例如，具有生活型职业锚的人员不愿意选择经常出差和异地工作。

四、社会认知职业理论

相对于以心理学为基础的职业生涯理论，社会认知职业理论更侧重于个人在选择职业和发展职业时的社会因素。该理论在研究过程中，会着重关注职业本身在社会中的发展情况、社会价值和未来走向，旨在让人们能够充分地融入社会，把握社会中的经济、技术、文化等发展趋势，从而做出正确的职业生涯规划。

研究表明，个人在进行职业选择和职业规划时，会形成多样化的选择倾向，不仅受到个人主观评价的影响，社会中出现的环境、机遇和现实需求等也很容易成为人们选择职业的主要动因。许多人在从业过程中，并没有按照个人的专业能力和兴趣需求做出选择，而是在从业之后，在特定的职业环境下形成了职业素养、提高了职业能力，并产生了为职业努力一生的价值观念。

结合个人与职业发展的社会性问题，心理学界和职业教育界将心理学、教育学与社会学结合起来，建立了社会认知职业理论。这一理论的起源是传统的社会认知学科，强调人在认知形成、发展和行为过程中，要与社会产生互动效应，要让自己能够适应社会，并且对社会发展产生影响。同时，个人通过职业决策和发展，在社会关系中完善自我，提高认知能力和综合素养。

（一）三个核心概念

社会认知职业理论构建起来的核心思路有三个：第一，在社会发展进程中，分析职业发展的基本规律，探究职业发展与人员的培训问题。第二，按照认知理论整合其他学科，将其应用在职业生涯发展问题上。第三，从人的角度出发，研究人在职业选择中形成的价值理念，分析个人与职业的相互关系。社会认知职业理论在职业生涯发展上形成了三个基本概念，即自我效能、个人期望和个人目标。

首先，自我效能主要是个人在参与社会中的职业时构建的职业信念。这种效能不仅是个人对职业的感受和意向，而且是人在职业范畴内，以社会为背景形成的综合价值信念。其中自我效能形成的动力来自个人在过往的学习和社会经验中形成的能力、心理状态、思想价值等，并且这些要素应在职业发展中产生相互作用。个人在职业中取得的成功经验会帮助其提升自我效能，反之则会导致自我效能下降。

其次，个人期望是人们在职业发展过程中，形成对一个阶段工作成效的期待值。个人在职业选择或者实际工作中，都会对个人效能与职业产生的成效形成一定的目标，并对实现这些目标产生信念感。如果个人的期望不够强烈，就会对职业的发展过程产生怀疑，由怀疑引起行动能力的下降。在选择职业过程中，如果个人未对职业形成的结果产生期待，那么就不会愿意做出这种选择。

最后，个人目标是围绕个人期望形成的发展计划。对个人来说，目标包括个人在职业发展中的成就目标和从事职业后产生的绩效目标等。目标是指导人们在职业发展中采取一切行为的关键，是个人努力的方向。当目标得以实现，个人对职业产生的效能、期待都会进一步提升，这样又可以帮助个人树立新的职业目标。因此，只有当目标与其他两种概念形成积极的互动时，个人的职业生涯才能得到良好的发展。

按照社会认知职业理论的观念，除了几项关键因素外，职业生涯中还包括多种个人和社会因素的作用。其中社会经济的发展情况，行业的发展情况，职业的发展前景与环境等都能够成为人们做出职业规划的影响因素。社会认知职业理论要求人们能够从实际出发，将职业教育的理论同社会中的其他理论充分融合。

(二) 三个子模式

社会认知职业理论将人们的职业生涯划分为职业兴趣、职业选择、工作绩效三个子模式。在每个子模式中,个人与社会中的因素都会产生综合作用,将对个人职业生涯的各个阶段行动产生指导意义。

1. 职业兴趣模式

职业兴趣模式通常是人们做出职业规划时形成的基本模式,兴趣会成为人们树立目标并实施行动之前的一种原动力。在兴趣产生之后,人们会按照对自我效能和职业期待的分析结果,与兴趣进行对比。如果对比结果能够形成良性的反馈,那么兴趣就会得以巩固,进而转化为实际行动。反之,兴趣就会成为一种业余爱好或梦想,不会付诸实践。兴趣也可以从职业发展过程中培养起来,当个人能够在职业中不断取得新的成果,达成自己树立的目标时,那么兴趣就会产生,并不断加以强化。

在个人职业生涯方面,兴趣与人的能力存在一定的关系,但能力与兴趣属于两种范畴。二者要想实现互相转化,需要通过自我效能和期望来完成。能力可以让个人在职业中产生的效能增强,让个人产生的期望得以明确,这样才能围绕个人能力的提高而产生兴趣。在职业发展中,如果效能及期望始终缺失,即使表现为个人职业能力不断增强,也会让个人对职业本身产生厌倦感,使兴趣呈现不断下降的趋势。

个人职业兴趣的产生,有一部分来自主观意愿,与个人学生时代的经历、个性和知识结构有关。然而职业兴趣在很多情况下不会成为直接的职业选择,当人们做出职业选择后,其兴趣模式通常会得到重构。既包括对一项原本没有兴趣的职业产生兴趣;也包括职业生涯的积累和社会环境变化产生的新职业兴趣。

2. 职业选择模式

在职业选择模式中,个性、知识结构和生活背景等因素共同影响着人们的职业选择。职业选择阶段的经历通常存在以下过程:①基于原有的兴趣、环境、经验等形成未来的职业目标。②结合职业目标参与学习行动。③通过对职业发展产生的分析、反馈等结果形成对职业的选择。在这个过程中，职业选择是动态变化的，一些突变性的因素也会影响最后的结果。

按照社会认知的角度，人们的职业选择不总是按照职业兴趣而进行的，所产生的结果是一种社会性的结果，在很多情况下不受个人主观因素控制。第一，兴趣能否成为职业选择的目标导向，具体要看自我效能与职业期望之间的关系。第二，个人所处的环境往往会产生更大的影响，这种环境会超越个人在人格与兴趣方面的作用。通常表现为个人在进行最后的职业选择时对内部、外部环境的妥协。环境来自多个方面，主要有个人身边亲人的影响、个人主观意愿的变化、社会形成的职业发展环境等。

3. 工作绩效模式

工作绩效是指人们在参与职业生涯后，从具体工作中产生的结果。绩效既包括在职业岗位上由外部环境带来的职业要求；也包括个人在能力、效能与期望方面的互动结果。

通常在职业发展过程中，个人能力是产生绩效的主观要素，能够帮助人们解决工作中遇到的问题，通过实际工作取得成果。个人能力也能够让人们对自我效能产生更高的期待，使人们相信通过能力的展现，能达到更高的工作目标。个人能力也需要在具体的职业环境中得到体现，表现为个人适应环境、利用环境的能力。同样，在工作绩效模式中，自我效能并不能等同于个人能力，这一变量属于工作中的一个平衡要素。当人们参与实际工作时，自我效能体现为个人对职业产生的信念感和价值观，其在个人对能力的使用情况上发挥主观作用。如果自我效能不足，人们就不会产生在职业生涯中利用能力的意愿，从而产生了消极、应付、怠工等心理。因而，按照自我效能与绩效之间的关系，管理者可以分析出员工能力与实际工作之间的关系。

(三) 社会认知职业理论的优势与劣势

社会认知职业理论相比其他心理学科具有更综合全面的优势，在其理论体系中，将个人职业生涯的选择与发展看作个人认知与社会环境共同作用的结果。这一理论表明了个人对职业的认知一方面取决于自身的认知能力，另一方面反映出个人与职业发展环境的相互关系。因此，这一理论将人的主观能动性与个人在职业环境中的被动关系结合起来。

社会认知职业理论是围绕心理学、社会学、经济管理学等形成的交叉学科体系发展起来的，符合当代社会职业发展的现实需求。因此，能够帮助人们克服传统职业理论中的研究缺陷，用一种开放式、综合式的观念构建职业发展模式。

社会认知职业理论与传统的社会认知学科具有继承关系，是社会认知体系在职业生涯领域的具体化发展。其中最大的成果就是总结了个人职业生涯中的自我效能、个人期望和个人目标三个基本概念，将这三个概念从混淆状态中分离出来，建立了新的关系体系。该理论也在当代的人力资源管理、职业教育等方面发挥了重要作用，可以帮助人们细分职业生涯中关于兴趣、选择和工作绩效方面的各个环节问题。围绕理论体系中的三个子模式，人们可以从不同角度制定职业发展的有关对策。

另外，社会认知职业理论在社会实践中也存在劣势。首先，这一理论是从认知角度对职业生涯发展产生的解释，没有建立实践模型。其次，该理论的成果主要建立在总体的框架上，对个人职业发展缺少深入研究。最后，该理论将更多的影响因素融入职业生涯理论体系，但没有深入分析这些因素的作用机制，使人们在操作过程中依然难以具体整合各个要素的关系。

五、多学科理论体系的共同启示

职业生涯理论发展的成果，从传统工业社会中的"人职匹配"观念逐渐发展成为一种交叉性、综合性的理论体系。职业发展研究不局限于心理学中的人格特质体系，而是扩展为个人特质与职业发展过程之间的作用关系。不断发展的理论成果，有利于高校和其他机构在进行职业教育过程中，对教育的策略制定和实施形成思想理论上的支持。同时，了解这些理论，对当代年轻人个人职业的规划、选择和继续发展具有十分重要的启示意义。

第一，职业生涯理论分析了成人的职业发展与年龄阶段的关系。让人们认识到个人在发育和学习阶段产生的人格要素和生活经历，会充分作用在未来的职业选择上。

第二，个人与职业存在复杂的互动关系，职业与个人的兴趣、理想、价值观和能力之间会不断产生变化，进而影响人们对职业做出的选择。通常，个人都需要从兴趣阶段、理想愿望阶段最终产生某种妥协，完成对职业的匹配。

第三，在职业生涯发展过程中，个人能力与个人特质会产生不同的作用，各种要素通常难以保持一致性。教育工作者和个人应结合各种理论成果，对个人的职业生涯发展进行具体分析。

第四，自我认知是个人职业生涯决策的基础动力。个人在适应社会的过程中，自我概念会动态发展，尤其是当个人兴趣、观念与职业环境产生矛盾时，个人需要调整自我意识和自我观念。

第五，个人职业生涯的发展，需要人们加强对职业信息的整合、加工，这项能力是人们做出正确的职业选择和发展规划的基础能力。职业信息加工一方面是对自我的分析，要从能力、兴趣、性格特质和生活目标方面寻找个人的优势和劣势。另一方面，结合对职业的选择，深入分析职业信息，要为职业发展明确学习和积累社会经验的方向。

第六，职业生涯发展伴随着人的终身经历。职业教育是学校教育的构成部分，也是人们培养终身学习能力的主要途径。因此，高校的职业教育不仅包括对大学生学习期间的技能教育，也包括帮助培养大学生的终身职业管理和决策能力。

第七，大学生应在学习期间，重视对职业发展理论的学习和对能力的锻炼。要运用好自己的信息加工能力，结合专业知识学习环境，在学校期间就开展职业生涯规划行动。在实践中，应将个人认知与职业环境认知结合起来，帮助自己树立满意的且有可行性的职业发展目标。❶

---

❶ 杜林致、闫京江、柴民权：《大学生职业生涯规划》，兰州大学出版社，2020。

第三章　大学生职业生涯教育

第一节　大学生职业适应培养

一、学生角色与职业角色的转换

大学生在学习过程中，就需要考虑未来在毕业后的就业或创业问题。高校采取的所有教学方法，一方面是对大学生进行学科知识体系的教育；另一方面是对大学生进行社会化教育，让大学生能够完成从学生到职业人的社会身份转换。

就业或创业是当代大学生步入职业生涯的两种途径，无论哪种途径，都涉及大学生的职业选择和职业生涯规划问题。在职业生涯过程中，大学生对于职业的适应性是十分重要的问题，是大学生做出职业选择的关键。

按照职业生涯的相关理论，大学生的职业选择是一种认知心理发展的过程，包括个人对自我兴趣、能力的认知，个人对职业环境的认知等。在进入职业生涯之前，大学生应该在心理上做好准备，从而做出正确的选择，为以后的职业生涯奠定好的基础。高校在培养人才过程中，应该帮助大学生完成职业选择的准备，教育的内容应包括大学生社会适应力的提升；大学生职业能力、职业素养的提升；大学生人格、心理状态的调整等。

大学生从学生到职业人的角色转换过程，要同整体的高等教育结合起来，要实现专业教育与职业教育的同步发展。教师要帮助大学生了解职业身份转换的行动流程，包括高效率加工职业信息、做好应聘准备、加强社会经验积累、加快树立职业形象等。

(一) 从学生到职业人的过渡

1. 学生角色

大学生在社会体系中的主要角色依旧是学生，要以提高自我、参与高校的教学活动为主要任务。高校对大学生的培养，是以专业为组织方式进行的，围绕学科专业形成了基本的教学体系。因此，大学生进行的学习，也应以专业知识为主。这一学习过程是大学生为职业发展做出信息加工准备的过程。学生角色的另一个特点是缺少独立的经济能力，需要在成长过程中依靠家庭提供经济支持，同时在学习过程中需要得到学校、教师和其他社会人员的支持。大学生要充分利用好高校的教学条件，努力学习知识，积极参与社会实践，让个人在职业能力和综合素质上都能得到成长。

2. 职业角色

职业角色是成年个体在社会体系中的主要角色，代表着一个人的社会身份。职业的主要特点是：一是个人能够通过职业身份找到自己在社会中的定位，并相应产生了权利和义务。二是职业具有一定的规范性，能够形成职业道德、价值和文化体系。三是职业是人们获取收入的重要途径，人们在职业体系中的劳动必然要得到相应报酬。职业角色通常与学生角色、儿童角色相对应。大学生在高校学习期间，就是要完成从学生到职业人的身份过渡。大学生群体要以学生的身份，有条件地参与职业角色中的实践活动，进而获得社会经验。

3. 实现角色转换

按照高校采取的育人规律，大学生在学生身份与职业身份的转换过程需要经过一定的步骤才能实现。角色转换过程不应过于突兀，而是采取循序渐进的方法。

高校在职业教育方面，应包括获取角色和承担角色两个环节。在获取角色环节，高校应该让大学生以个人成长为起点，结合其在大学期间受到的教育，逐步建立职业的选择目标。大学生应该按照自己的预期目标进行自我发展，有目的地开展知识技能学习。大学生在毕业后，就面临着职业的选择和职业规划的实施。如果能够做好充分的准备，那么大学生的职业生涯就能够获得更好的发展。否则，大学生就会面临匆忙择业的问题。在承担角色环节，大学生或毕业生需要以职业身份来开展行动，承担职业需要人们能够发挥自己的能力，提高职业适应力，具有承担职业责任的能力。同时，由于大学生或毕业生欠缺工作经验，应该一边承担职业角色，一边进行岗位学习。通常用人单位会提供入职培训并设置实习期，让毕业生能够顺利实现过渡。高校在大学教育的后期，也会要求大学生参加实习实训，培养大学生担任职业角色的能力。

从学生角色进入职业角色对大学生的职业生涯发展十分关键。大学生也会受到个人性格、能力和职业期待等方面的限制，经历不同的过程来成为真正合格的职业人。其中，大学生要在心理层面做好充分的准备，增强竞争能力，要对自我的优势和劣势形成主要认知。

(二) 角色转换过程中容易出现的问题

大学生在职业角色转换的过程中，其学生身份和职业身份有时会产生矛盾，这些矛盾都会反映在大学生的自我认知和心理素质上。如果大学生的自我认知不健全或心理健康水平不足，就会对个人角色的转换产生困惑，进而出现更多的认知问题，容易出现焦虑、迷茫、自卑等心理。

结合高校实际教育工作来看，大学生容易出现的角色转换问题有以下几种。

1. 依恋学生角色

有些大学生在学习期间，对学校中的环境十分适应，喜爱保持自己的大学生角色，但对这种角色产生了严重的依赖心理。当面临毕业选择时，一些大学生从心理上不愿意离开校园,缺乏融入社会的主动性。然而,未来的生活要求毕业生必须离开校园,这使许多大学生产生了心理问题。这些毕业生通常没有主动地为成为职业人做好准备,缺少职业规划,也没有职业选择目标,因此在选择工作上过于草率,导致职业发展不够顺利。有些学生会通过继续学习深造来帮助自己延长角色转换的周期,但许多学生依然需要离开校园,走向社会。

2. 畏惧职业角色

毕业生在进入职业角色后,通常会需要自己主动承担一部分岗位责任,同时还需要适应社会角色的氛围和规章制度。毕业生在校期间得到的来自学校、家庭和教师的庇护将会丧失,需要自己解决各类问题。另外,很多职业都面临着来自内部和外部的竞争,会因为工作的需要进行繁忙而紧张的生活。这些情况造成了许多毕业生对自己的职业角色产生恐惧感。具体表现为在工作上谨小慎微,害怕与同事和客户进行交流,无法建立正常的同事关系等。一些用人单位会通过入职教育等方式给毕业生提供适应条件,一些毕业生也会通过逐步适应来完成角色转换。但如果一名毕业生长时间对职业角色存在畏惧心理,可能会给未来的发展带来很多问题。

3. 眼高手低的主观思想

当前,许多大学生会因为家庭条件较好、生活方式优越而产生自我意识过强、盲目自信等心理状态。他们在进行职业选择时,会出现眼高手低的问题。眼高手低是一种主观思想,在大学生的职业选择上表现为树立了不切实际的职业目标,并且完全按照个人的喜好来选择职业和行业。在工作过程中,也容易产生急功近利的心理,主要是心理上不愿意接受其他人的指导、不愿意从基础岗位做起。

4. 心浮气躁的工作作风

大学生产生心浮气躁的心理,通常是受到了社会上和网络上一些不良风气的影响。这些大学生的心理状态不够稳定，缺少在职业状态下的勤劳、敬业精神，自己的目标和兴趣不断转变，无法集中精力做好实际工作。另外，还有一些大学生受到社会上急功近利思想的影响，并将这种思想带入工作状态，在工作中往往急于求成，梦想任何工作都能一步到位。

(三) 如何更好地实现角色转换

大学生从学生角色实现向职业角色的转变，需要自己付出一定的努力。高校和教师提供的帮助只具有辅助和导向作用，真正做出职业选择、职业准备，依然要靠大学生自己。其原因在于，职业生涯的发展与个人息息相关，往往需要依靠个人做好自我评价和职业规划才能完成。因此，高校的职业教育应落实在大学生身上，让大学生能够采取积极态度和积极行动。

1. 树立良好的形象

大学生在新加入职业岗位后，应该在单位和同事之间树立良好的职业形象。通常，人们在缺乏了解的情况下，会通过主观印象对新人作出评价。如果能够给他人留下较好的印象，就能够帮助入职者快速适应角色，使工作开展更加顺利。良好印象的形成主要来自以下几个方面：一是形成良好的个人形象和职业形象，个人要在外观上产生整洁、活跃的感觉，在个人品质上体现良好的职业精神。例如，有些大学生在工作后依然保持穿着上过于随便、怪异的习惯，容易给别人留下不好的印象。二是在树立形象过程中，要能够发扬自己的优点。每个人都有优点，在工作中适时地将这些优点展现出来，可以让他人将注意力集中于这些优点，帮助个人在团队中建立良好的形象。

2. 学会控制自己的情绪

大学生在毕业后，往往处于心理刚刚成熟的阶段。在这个阶段，大学生会留下一部分学生时期的心理特征，主要是应对环境变化的能力不足，情绪不够稳定。许多大学生在刚加入工作岗位时，往往伴随着兴奋、积极、热情等情绪。

但如果遭遇了挫折和其他的心理落差，又会变为消极、沮丧等情绪。另外，刚毕业的学生在与他人交流时，容易将自己的兴奋或低落的情绪过度地表达出来，少了职场人的沉稳，这些情绪上的不稳定不利于人们职业初期的发展。因此，高校在职业教育中，需要重点关注大学生的情绪控制问题，要做好心理健康教育，同时进行职业素养教育，鼓励大学生能够在社会环境中加强对各类情况的适应性锻炼。

3. 管理好职场压力

任何人在职业生涯过程中，都会产生工作上的压力。职业中的压力主要是工作目标本身、职场中的竞争关系、工作中出现的失败和面临的风险，以及不健康的职场环境等。从职业的发展来看，一定的压力能够激发人的创造能力和解决问题的能力，也会让一个团队提高工作效率，是很多企业和个人得以发展的刺激因素。对于个人来说，如果具有很强的抗压能力，当他们解决相应问题后，同样能够得到快速发展。但如果压力过大，或是压力长期存在，也容易让职业人出现心理上的困境。在当前社会竞争压力较大的环境下，许多职场中的人员都普遍存在心理亚健康问题，严重者甚至会成为抑郁症群体。这些压力让个人的发展和生活质量都受到了不良的影响。因此，个人在加入工作环境后需要具有压力管理能力，一方面来自心理抗压能力的提高，另一方面在于能够用娱乐、放松等方法进行压力的疏解。

4. 利用好时间

职业环境是与企业和社会的发展息息相关的，要求无论是基层还是高层的职业人员都能够将时间当作重要的资源进行管理，从而提高工作效率。时间管理是每个职场人都应具备的能力，体现在合理利用时间和进行时间分配等方面。

作为毕业生来说，时间管理效率的提升是职业能力提升的一项内容。为此，毕业生首先应做好个人的时间管理，要改变学生时期存在的时间浪费的情况，按照工作需求做好时间的利用计划；其次要让自己融入岗位上的工作进度安排，按时完成各项工作任务，不断提高自己的工作效率；最后应对工作时间和私人时间做好分配，既不提倡牺牲私人时间来无节制地工作，也不提倡在工作中出现怠工心理，出现工作时间处理私事的情况。

5. 建立和谐的人际关系

个人在职场环境下，要与他人建立更加紧密的联系，从而形成以职业发展为中心的人际关系。职场中的人际关系要比大学生在学校中的人际关系更加复杂，包含个人与上级的关系、工作团队中的人际关系等，还包括工作过程中建立的与外界的人际关系。

在工作过程中，人际关系是人们能够进行信息交流、合作、竞争和人事管理的重要基础。良好的人际关系是团队提高工作效率的保障，也能够促进个人各方面素质的成长。对于个人来说，建立良好的人际关系，能够让自己从他人身上学到优点、在解决问题过程中得到他人的帮助，还能够增强个人对于职业的期待，促进心理健康。

毕业生在进入职场环境后，需要注意处理好与上级和平级同事的人际关系。

（1）个人应在服从管理的基础上，与上级进行沟通，并具备基本的尊重意识。在一个用人单位中，通常会按照人事情况构建不同的人员组织体系，个人也会属于组织体系中的某个部门或团队。因此，个人的工作需要在主管上级和更高层的组织管理下开展。在通常情况下，个人应该服从上级在职责内的工作安排，尤其是要负责与团队发展有关的岗位工作。对于毕业生来说，还应该主动地了解自己的上级，能够适应上级的管理风格。

另外，个体与上级的沟通是十分重要的。一个人在职场中不可能只服从工作而不进行互动性的交流。交流和沟通主要体现在三个方面：一是在工作职能领域上的交流，需要个人能够对自己的工作见解、工作方法、实施方案等进行交流。这种交流一般有团体会议和一对一沟通等方式。二是上级对下级的了解和考察，需要通过合适的表达方式让上级了解自己的情况。三是与上级进行生活、情感等方面的沟通。职场中的人际关系不仅仅是单一的工作任务交流，还需要建立情感关系。

（2）个人要在合作的基础上，加强与同事之间的交流。毕业生在进入一个工作环境后，首要的是面对各样的同事，通过交流与他们建立良好的团队关系。

第一，交流是为了加强团队合作，让自己能够快速融入团队。许多刚毕业的大学生在职场环境下不愿意与同事交流，没有将交流视作工作中的一部分，使得人际关系长期处于淡漠状态，实际上这种方式不利于个人的发展。职场中的工作许多情况下都是每个人负责一部分，通过合作来完成整体的工作任务。个人必须融于团队的人际关系中，成为团队中的重要一员，才能将工作做得更好。

第二，交流是团队建立信任、提高凝聚力和工作效率的基础。职场中的工作很多时候需要依靠交流来实现资源、想法、观点上的互动，从而将个人的能力转化为团队的创造力。因此，善于进行团队交流，是个人职场成熟的表现。

第三，交流是个人能够进步的关键。个人通过与团队的交流，能够学习到其他人身上的优秀品质和工作经验。个人在处理自己的工作任务时，借助交流能够得到其他人的帮助，使自己免于盲目地摸索。因此，个人要将交流能力、处理人际关系的能力当作职业能力提升的重要途径。

总之，毕业生在进入职场后，应以交流为基础，快速形成良好的人际关系。个人要以年轻人的身份，放低身段，虚心向上级和前辈学习经验，让他们愿意帮助自己成长。交流要建立在互相尊重、信任的基础上，并且通过交流了解他人，也让他人了解自己，使自己成为团队中的必要一员。

二、职业角色的适应

大学生毕业后的职业生涯发展，取决于对职业的适应程度。职业适应既是个人对于职业要求和环境的适应，也是职业所产生的期望能够满足个人的心理预期。大学生要想在以后的发展中形成较高的适应力，应在人格特质、心理素质和能力等方面做好准备。

(一) 重新认识和评价自我

大学生在学习期间，应该逐渐养成自我评价的能力，通过知识学习和实践经验积累，分析个人能力，确立个人在职业选择上的价值取向，同时找到自己面向未来工作的优点和不足。

(二) 做好应对困难和挫折的准备

职业生涯的发展需要面临很多的挑战和压力，大学生要认识到，任何一个行业和工作岗位都不可能顺风顺水。因此，大学生要在心理上做好能够应对各类挑战和失败的准备。一是在工作中，人们的很多工作往往没有产生理想的结果，工作中的失败是十分常见的，人们要能于失败中调整心态和总结教训。二是许多工作都会形成一定的困难，只有克服这些困难才能更进一步，需要大学生改变畏难心理，积极地面对各项挑战，想办法解决问题。

(三) 了解职场规则，爱岗敬业

职业角色的发展，体现在个人职业素养不断提升上。许多职业都在能力上、素养上和职业规则上存在要求，需要大学生了解职业，形成职业化的品质。一是在团队中要遵守团队纪律，适应单位的管理制度。二是要让自己的言行符合职场中的人际关系准则。三是提高自身的职业素养，形成爱岗敬业的基本精神。

(四) 摆正心态，虚心学习

大学生在学习期间形成的知识结构，有时候不会在职业发展中产生直接作用，而有些知识和技能必须从职场环境中学习，通过岗位的锻炼才能形成。因此，大学生在就业之后需要在很多方面从头学起，毕业生要善于学习，围绕自己的工作职责，虚心向领导、前辈们请教。结合未来的职业发展，个人需要保持热爱学习的作风，养成终身学习的习惯，通过工作中的学习促进自己的职业生涯进一步发展。

三、职场环境的适应

(一) 大学环境与职场环境的差别

大学环境与职场环境存在着本质的区别，大学生从大学环境进入职场环境的过程中，需要放弃一些旧有的观念和习惯，而形成一些新的观念和习惯，这样才能增强自己的适应力。调查表明，许多大学生在进入新的岗位后会存在对职场环境适应性不足的问题，而且在能力和心态上的准备也不足够。其中最为主要的问题是对职场人际关系的适应力不足，这也是高校教学环境所欠缺的地方。

大学生从学生身份转变为职业身份，这在大学生的人生发展中的作用十分关键。进入职场环境后，大学生在思想、价值观和性格品质方面都会发生较大的变化。大学生需要理解这种变化，并在心理上做好准备。

1. 立足新岗位，树立新意识

毕业生在参加了一项工作后，要按照职场环境和工作的需要改变自己的意识。首先，毕业生作为学生时，学校和社会都会在各方面给予一定的照顾，不会将学生当作具有独立社会地位的群体。同时，大学生在经济上也依靠家庭的供给，不会形成独立的经济地位。成为职业人员后，毕业生就会面临在社会地位和生活方式上的全面独立，需要自己对自己的生活负责。因此，大学生需要早日养成独立意识。其次，要通过对社交环境的适应，建立合作意识。大学生的学习是一种个人化的活动，即使存在团队学习，也是为了实现个人学业上的发展。但在社会岗位上，大学生的劳动是为了完成岗位职责，只有工作取得了业绩才能让自己获得劳动报酬。社会中大多数行业和岗位都需要通过分工合作来完成，毕业生所完成的岗位劳动只是整体劳动中的一部分内容。因此，大学生要以合作精神加入工作岗位，改变学生期间特立独行的状态，积极融入单位的合作机制当中。

2. 不断学习，自我完善

知识型社会要求身处职业环境中的个人依然保持学习能力，通过终身学习来适应新科技、新思想和新价值观的发展。因此，大学生在毕业进入工作岗位后，不是要远离学习活动、放弃学习能力，而是要形成在工作环境中学习的新意识。首先，大学生所形成的知识结构与职业的能力要求并不能完全适配，许多技能、经验都需要在工作中积累。如果个人善于学习，那么会对职业发展产生很大的帮助。其次，知识型社会中的行业变化和职业环境变化速度较快，不断有创新因素改变原有的环境，使旧有的理念、方法、工艺等失去竞争优势。因此，要想始终保持竞争优势、养成创新精神，毕业生就需要在工作岗位上不断地学习。

3. 把握时机，适时调整

毕业生在选择第一份工作时，会对以后的职业生涯产生很重要的影响。人们在第一份工作后养成的能力、形成的人际关系环境等，会成为以后职业发展的资源。同时，第一份工作不等于终身的职业，个人在发展过程中难免会进行跳槽、创业等职业选择，让自己获得进一步发展。因此，大学生在择业过程中应该对职业的发展进行深入分析，为自己一个时期的职业生涯进行规划。同时，择业过程中要善于把握时机,具有对行业、科技和市场发展的判断力,从众多的职业角色中抓住最适合自己发展的道路。

(二)努力适应职业岗位要求

每一种职业都有着其特定的职业规范和职业发展规律,毕业生在不断学习和适应岗位工作的过程中,对于职业本身有着基本的了解,通过职业适应,将个人的能力、个性优势和知识上的优势与职业要求相匹配。职业适应是一种全方位的适应,是一般人成长为职业人的重要途径。对于毕业生来说,之所以能够被一些岗位所任用,用人单位通常关注的是其某一方面的素质或是毕业生的培养潜力。在适应职业要求的过程中,毕业生要依靠自己的学习能力,让自己的观念、习惯、行为方式等与职业相适应。毕业生的职业学习过程,通常包括以下几项内容:一是能够快速地把握职场中的规范、标准,学习职业文化,并能够用这些职业文化来改变自我认知。二是能够结合实际工作,调整自己的职业预期,加深对自己未来职业发展的了解。三是掌握一些实用的工作技能,按照职场中的一些行动规则完成工作,让自己的个人能力与工作要求相适应。

1. 面对现实,正确认识自我

大学生在成为一名职业人后,需要在新的职业环境中提高自我认识。自我认识的提升是围绕现实工作需求进行的,要求大学生能够融入新的环境,尤其是人际关系环境。要按照现实情况改变自己思想认识中不合理、不符合实践要求的地方,要围绕与其他人的交际,看到自己性格上的缺陷。只有正确认识自我,才能找到优点和缺点,在实际工作中弥补自己的短板。毕业生也需要依靠对他人的学习来完善自我人格,让自己能够融入工作团队,增强团队责任及合作意识。

2. 敬业爱岗,了解工作需求

毕业生在初次进入职场后,应首先了解自己的工作,其中主要的内容是了解岗位责任要求、熟悉工作流程与方法、掌握职业的基本规律、遵守职业的各项规范。在工作的过程中，要以高度的责任心来对待分内职责，提高工作效率、工作能力，完成自己需要负责的工作计划，同时需要有质量地完成自己的工作，不应产生应付心理。随着工作业绩的产生和经验积累，毕业生更容易从入职新人成长为行业老手，对于个人的发展则产生了更大的帮助。通过对职业环境的适应，毕业生对于本单位和职业的未来发展产生了解，帮助自己进一步完善未来的职业发展规划。

3. 完善理想，虚心学习

大学毕业生在进入社会后，往往怀揣着十分远大的人生理想，但有些时候，毕业生的想法是天马行空的，没有经过实践的检验。有些毕业生还存在着急功近利的心理状态，在没有适应职业环境前就梦想着自己取得巨大成功，却忽略了职业生涯发展的规律性。因此，毕业生需要提高自己的实践能力，要结合职业环境中的现实条件来逐步实现自己的职业抱负。通过对客观条件的分析和判断，重新调整自己的职业理想，形成更具有可行性的理想。毕业生要让自己保持虚心状态，改变由学历、能力、家庭环境带来的优越感，在工作中虚心向其他人请教问题，保持互相之间的合作与学习。

4. 善于观察，勤于思考

每个人在自己的职业岗位上都要有钻研、创新能力，要通过思考来想问题、想办法。即使是一些技术性、基础性的工作，依然需要职场人动脑来做好。在工作过程中，毕业生要有善于观察的能力，通过观察自己的工作环境和其他人的工作方式，帮助自己找到正确的工作方法。通过对职场环境、人际环境和一些事物的观察，能够将分散的信息整合起来，成为自己职业能力的一部分。在工作和学习过程中，毕业生要具有思考能力，要能够分析事物本质上的发展规律，这样才能对已经获得的经验和教训加以总结。

5.勇挑重担，乐于奉献

毕业生进入工作岗位后，需要承担相应的责任，在职业发展过程中，要有奉献精神和职业素养。对于职业中需要负责的工作，毕业生在有能力的情况下要勇于承担，通过一些富有挑战性的工作来提高自己。

6.正确对待他人评价

毕业生在成为一名成熟的职场人之前，随时面临着用人单位和同事的考察，这些考察来自岗位上的一些培训和检验，也来自平日工作中他人的观察和交流。通常，新入职的人员都需要经过一段时间的见习期，一些毕业生还需要接受入职培训。在这个过程中，其他人会对自己产生诸多评价，毕业生需要正确认识这些评价。有些评价是来自官方的评价，通常是对新人考察的结果，需要毕业生认真对待，从评价中提高自己。有些评价则是私人性的评价，是上级和同事对新人的主观印象。尽管私人评价有些情况下不够客观，也不够正确，但毕业生要辩证地看待，同时要通过积极与他人交流，树立良好的职业形象，让别人产生好的印象。

职场人所面临的评价还来自工作中的行为。例如，在参与工作过程中，通常需要制作一些工作材料，用以向上级口头汇报工作以及对于工作表达自己的观点等。当人们参与这些活动后，也会得到他人的评价或反馈。有时，因为毕业生能力不足，其观点或工作方案会被其他人否决，此时毕业生不应产生沮丧或对抗心理，而是应该将这些评价都当作教训加以吸收。因此，对于大学毕业生来说，提高自我能力和认识的最好方法是从他人的评价中了解自己，毕业生不应过高地停留在自我印象当中，而是要借助他人对自己的评价形成对比，积极听取他人的公正评价，正确看待他人的错误评价。

第二节 大学生职业发展规划

一、职业发展规划的确定

在当前的就业和创业竞争中,个人的职业发展需要以职业规划为重要的指导纲领,让个人在职业选择和未来行动中具有目标性、可行性和计划性。大学生在学习期间以及初步就业期间,可在高校和教师的帮助下,为自己的职业发展制定规划。

(一)职业发展方向的确定

在职业规划体系中,要以一个时间段为范围,阶段性地构建职业发展的方向。方向是个人在职业发展中未来可能出现的多种结果,具有向前发展的特点。方向也是一个较为宽泛的范围,一般从一个起点向进步方向和周围领域延伸、扩展。

在职业生涯发展中,方向性的问题不是沿着一条直线向前,而是会产生很大的变化,其中也伴随着一些曲折。而职业规划的方向则具有两个特征,一是方向要足够明确,即使出现变化方向也不应发生偏离;二是方向应产生多种选择,能够为确定的职业目标和实际工作提供指引。

大学生在明确职业发展方向时,需要从个人的认知出发,结合专业、职业、行业和其他社会因素,找到自己的方向。其中包括以下内容:一是职业方向应大体符合自己的理想和人生追求目标,最理想的结果是用职业发展实现自己的抱负。二是在条件可行的情况下,按照自己的兴趣来确定方向。三是职业发展方向要与自己的能力相适应,让自己能够通过努力获得前进的动力。四是可以结合专业知识与社会中的就业、创业环境来确定方向。

(二) 职业发展目标的确定

在职业规划体系中，个人应为自己的职业选择、职业抱负和职业生涯发展确定目标。目标体系包含整体目标和具体目标、长远目标和近期目标等。通常，在职业选择过程中，个人需要先树立眼前的就业或创业目标，再按照可以实现的目标来调整长远目标。近期目标的确定要具有可行性，能够得到自己能力、社会条件等方面的支持。

二、职业成功的基本要素

大学生要想在职业生涯中获得成功，需要多方面因素的共同作用，有些来自自己的专业能力，有些来自对职业的正确选择，有些来自对机遇的把握。高校的职业教育无法对个人的职业发展前景做出预测，但可以通过基本素养、基本能力的教育，帮助大学生积累成功的要素，奠定职业未来发展的基础。

(一) 知识是基础

大学生受到的教育不同于职业教育和社会中的技能培训，是一种以学科为基准的知识教育。大学中的专业课程都是围绕学科体系设置的，从理论层面到技术层面囊括得较为全面，能够让大学生的知识结构更加完整。大学中所学的知识是大学生未来进行职业选择和做出职业规划的基础，这种基础不仅体现在个人的工作能力上，也体现在大学生思想、见识和价值层面，能够帮助大学生做出更好的职业选择。

大学知识是毕业生能够在以后工作中产生思维能力、认知能力，发展创造力的基础。一部分大学知识能够成为大学生的职业能力，但也有一部分无法直接与工作产生关联。在毕业之后，大学生还应该重视提升个人知识与职业要求的适应性，从实际的工作中获得技能和经验。

毕业生在工作过程中，也会面临专业知识与工作不适应或是知识体系落后的问题。在这种情况下，毕业生需要保持不断学习，借助工作岗位和社会中的学习渠道，让自己学习新的理念和技术，完成个人知识结构的优化。

（二）技能是核心

许多专业的大学生在就业过程中已经具备了一定的技术能力，这些技能成为大学生制定职业发展规划的核心。大学生通过专业的学习和个人在校期间的自学，通常可以掌握一些技术层面的知识，在职业选择上应该结合自己的技术优势与职业进行匹配。当大学生拥有一定的技术基础后，其在工作岗位上则会具备先天优势。自己的职业能力需要从技术基础上不断向外扩展，同步提升自己的管理、决策、交际、经营等方面的能力。技术需要不断地应用与创造，在工作过程中，毕业生需要深入研究职业技术的发展情况，让自己能够参与技术创新，保持在技术上的领先。

（三）态度是关键

大学生在职业规划中，要让自己保持职业态度，改变过往学习环境下形成的不利因素。一些毕业生入职后，可能在基本的知识、技术结构上差距不大，但由于对职业有着不同的态度，带来的结果也不同。其中，在职业发展中，工作的认真态度、敬业态度、谦虚谨慎的态度等都会成为成功的要素。

大学生在个人的职业发展规划中，要通过对自我的分析，找出自己在个性上的优劣势。要为自己制订一个在思想认识和人生态度上的发展方案，其中应包括以下内容：树立自己的职业抱负和人生理想；在理想信念的指导下，完善自己的素养和品质；结合职业环境和就业要求，改变自己的不足之处，树立谦虚、谨慎、乐于学习的就业态度。在工作过程中，毕业生应按照工作的准则来改变自己的行为习惯，从而端正自己的态度。

（四）身心健康是本钱

当前社会的生活节奏较快，工作压力较大，使得许多工作岗位上的群体都面临着"现代病"和身心亚健康的问题。这些情况的产生，多数是人们从事繁重的体力劳动或是长期处在某种工作状态下养成不健康生活习惯的结果。例如，许多行业的办公人员因为长期保持坐姿、使用办公工具而存在腰、颈、肩部位的疼痛问题；许多因为工作而应酬的人员普遍出现"三高"问题。另外，心理健康隐患也在现代城市工作人群中普遍蔓延，抑郁症等疾病患者越来越多。大学生在进入工作岗位前，要养成健康的生活习惯，重视身心的健康，要结合工作情况合理地规划自己的生活，如多参加一些户外活动锻炼身体等。

三、提升工作能力规划与工作

在实际的工作中，由于个人能力的不同，人们在完成相似的工作时效率和质量也会有所不同。许多工作能力可以通过经验的积累来提升，但在一些情况下，一些人无法提升能力的原因在于其职业规划本身出现了问题，即职业与能力不匹配。这一问题表现为一些人可能具有工作能力，但因岗位选择错误，使得他们无法应用自己的能力。还有一些情况是个人虽然拥有工作能力，但却因职业预期和自我效能的原因而失去了工作积极性，使其不愿意发挥自己的能力。

大学生在进行职业规划的过程中，应围绕个人能力，结合自己的兴趣等，实现个人与职业的匹配。同时，还要在短期内的工作过程中，有计划地提高自己适应岗位的能力。第一，在能力可行的条件下，大学生可按照自己的兴趣、预期和目标选择职业。当个人在工作岗位上有着很高的效能时，个人的工作愿望就会比较强烈，能力的提升也会较快。第二，要让个人能力与职业要求相匹配。如果个人的能力能够适应职业环境，个人的发展也会更加顺利。

另外，大学生还应该为自己制订参加工作后的能力成长计划。工作中需要的能力不只是本职工作能力，还包括交际能力、职业习惯、职业道德等各方面的能力。

(一) 全心投入和高效率地完成本职工作

个人在工作中的能力提升，基础在于做好自己的本职工作。每一次完成自己的工作任务后，个人都会为自己积累大量的经验。如果自己的本职工作能够做出成绩，也会得到团队的进一步认可。对于本职工作，个人应该全身心投入，体现爱岗敬业的精神，实现工作效率和质量的双重提升。

毕业生在初入职场时，要通过对本职工作的了解，短期内为自己制订一个能力成长计划，要将从团队中学来的技能转化为自己的技能；对于本职工作中的流程环节和基本方法，要掌握熟练；要借鉴他人的优点，让自己的工作效率和质量每隔一段时间都得到提高。同时，在本职工作中，应勇于面对新的挑战，在一些具有挑战性的工作中，新人往往能够实现职业能力的快速增长。

(二) 拥有落实工作任务的执行力

个人在职场工作中，依据单位和团队的经营管理计划，会被分配到相关的岗位工作任务。个人需要在有限的时间和条件下，落实好这些任务。工作任务的完成在于拥有执行力，许多在创意和方案上产生的任务，需要每个人将其执行下来才能产生实际的业绩。新入职的毕业生通常执行力不足，要在其他人的带领下才能完成。因此在工作过程中，新人要提高自己的执行力。

(三) 不断提升自己的价值

大学生在毕业之后，通过进入职场来获得重要的社会身份，而职场也能让其价值得到体现。个人价值的体现是一个不断发展的过程，随着个人岗位、能力或业绩的提升，个人的价值也会提高。但是，如果个人安于现状，则其价值也会出现停滞或下降的状况。

个人的职业规划需要对自己的价值提升做出预期，让自己能够随着工作情况的变化稳步增长。价值的提升，一方面在于工作本身产生了成绩，从而在单位中实现了升职，表现为能力提升、责任提高和待遇增长；另一方面在于一些难以衡量的价值，如对于社会的认知加强、在人际中的地位加强、个人职业选择的可能性增多等。

(四) 提高职场情商

职场情商是由心理学的概念衍生出来的，重点体现在职场中个人对自我的管理和与他人的关系上。提高职场情商就是从心理、兴趣和感性等角度认识工作中的问题，让自己更好地与别人相处，在工作中提高自己的个人意志品质。

(五) 挖掘自己的潜能

大学生的职业发展规划，应具有前瞻性，要对自己在职业发展上的潜能加以开发。潜能在很多情况下来自自己个人品质、能力等方面的优势部分。因此，个人需要考察自己在工作中的优势有没有得到发挥。挖掘自己的潜能，对于职业生涯的未来发展具有重要意义。个人也应结合自己潜能的发展情况，对自己的职业生涯做出调整。

第三节　大学生职业更换选择

一、职业流动

在市场经济条件下，职业具有很强的流动性。广大从业者会按照职业环境或个人职业规划的变化，从一个职业岗位走向另一个岗位。职业流动是市场中各类要素流动的一部分，有利于各个行业实现人力资源的优化，对于个人来说，职业流动是让自己更进一步发展的重要途径。个人在整体的职业生涯进程中，难免会出现多次的职业流动。职业流动通常有两个方面：一种是个人从一个用人单位进入新的单位；另一种是个人在同一个单位内部产生的岗位流动。

(一) 职业流动的原因

职业流动是市场经济生产力和生产关系发展的重要一环，是一种常见的现象，其发生与经济发展、生产关系发展有关，也与个人的选择有关。

第一，职业流动的主要动因是生产力和经济的发展。在社会化分工体系当中，当生产力或经济环境发生变化时，必然伴随着生产要素的再配置，从而使经济实现优化或转型。在当今社会中，科学技术的发展正在加速，新的市场主体、新兴行业也在不断发展，而原有的经济发展模式也会转型，就会带动市场中的职业发生变化，推动人的职业流动。

第二，职业的流动主要在劳动力市场中进行，劳动力市场的发展也是个人职业流动的动因。市场经济的资源不断配置促成了劳动力市场的形成，使用人单位同求职者实现双向选择，促进了职业资源的优化。对于用人单位来说，在劳动力市场中可以按照劳动力的竞争情况，择优录用合适的人员；对于求职者来说，他们在职业流动中也可以借助劳动力市场产生多样选择。劳动力市场中存在各级就业平台，使求职者和用人单位的关系得到加强，并且实现了劳动力市场中信息的高效率传播，这些条件都为职业流动提供了更强的动力。

第三，社会文化环境变化也是人们产生职业流动的原因。社会文化环境影响着人们的价值观、生活方式和人生理想的变化，一些传统的观念和新出现的观念都会反映在社会的就业方面。例如，人们会从主观爱好上对一些职业产生青睐，许多人会为了加入这些职业而努力。

第四，人们对于生活水平提高的愿望和对利益的追求推动着职业的发展变化。在职业岗位上劳动，是社会成员获得经济收入的主要方式。在个人的职业发展过程中，人们首要考虑的是职业流动能够给自己的收入带来的增长。为了提高自己的收入水平，从业者都会主动从低薪职业向更高收入的职业流动。

第五，个人能力的提升成为职业选择的重要依据。个人在职业生涯发展过程中，随着工作经验的积累，自己在职业中的工作能力会得到增长，同时也伴随着其他能力的增长。通常来说，社会和个人都在寻求职业与能力的互相适应。能力增长的个人，会主动或被动地实现职业的升迁，使得职业在个人身上表现出向上流动的趋势。

（二）职业流动的形式

职业流动体现在横向和纵向两个方面。横向的职业流动主要是个人在相同领域中的职业变化，表现为岗位的调动和不同单位之间的流动等，在流动过程中也会产生个人职业地位、声望的改变。纵向流动主要是个人从地位、薪酬、责任较低的岗位向较高岗位流动，但有时也会出现降职、降级等向下流动的现象。

职业流动的另一种形式是职业结构产生变化。其中有两个方面的含义：一是从社会和某一行业的宏观角度，职业会因为生产力和生产关系的变革而产生结构性的流动和变化。这种变化往往能够成为一种社会就业现象，产生新的职业形态。例如，随着经济的发展，农民工成为城市经济中的劳动力来源，原本从事农业生产的农民也进入了其他行业就职，使农民工以农民和其他职业的双重身份流动。二是个别群体在行业内部产生结构性的流动。例如，当新兴的数字经济发展起来时，更多的人借助互联网平台开展了创业活动而不再从事原有的职业。

二、职业再选择

个人在职业生涯的发展过程中，会因为主观意识的改变和职业发展形势的变化而进行职业再选择。尤其是当代大学毕业生，在就业以后会出现更加频繁的职业再选择，以便让自己不断获得新的发展机遇。职业再选择经常表现为职业本身的效用与个人的意愿不相符，使个人产生了放弃某一职业而从事新的职业的意愿。

(一) 职业再选择的含义

在劳动力市场中，求职者和用人单位会进行双向选择，如果产生了职业与个人不适配的状况，就会出现职业的再选择。大学生在毕业之后，可能会因为自己的职业规划不够明晰，以致在选择了某一职业后不能适应岗位或是职业发展达不到预期，进而做出职业再选择的决定。

职业再选择让个人能够重新调整自己的职业发展策略，开始重新寻找自己能够适应的工作岗位。再选择的过程，也包含了个人对自己意向、职业目标和职业能力等方面的再度审视。如果做出了更加合理的选择，会有利于个人未来的职业发展。

1. 职业再选择是人生意向的重要决策

职业再选择，实际上是通过重新进行职业规划和职业选择，让个人对自己未来的职业生涯做出更加严谨的决策。对于大学生来说，拥有的职业再选择的机会较多。例如，大学毕业生可以在原有岗位的实习期，对用人单位、职业本身做出实际的考察和分析，在这段时间内能够慎重考虑是继续发展，还是进行职业再选择。

2. 职业再选择是个人能力意向与社会岗位的统一

职业再选择让个人与用人单位通过实践的检验，再度实现了人才资源的优化，促进了个人与职业的和谐统一。人与职业的和谐统一性对于促进行业发展、个人发展都有着积极意义。如果经过一段时间的实训、实习后，一个人在兴趣、能力或积极性上与职业产生了割裂，用人单位和个人都会倾向于进行职业再选择。用人单位会重新进行人才招聘，求得适合的人员；个人则可以按照主观意愿，重新开始求职。因此，职业再选择代表着单位与个人的双向选择，有利于实现人才优化。

3. 职业再选择是一种现实化的过程

个人在职业生涯的发展中形成的任何规划、意愿、目标都不可能一成不变。职业的再选择能够让个人的主观规划向现实靠拢，帮助人们更科学地安排职业生涯。对于大学毕业生来说，他们所做出的初步的职业选择经常具有盲目性，这是因为大学生社会经验不足、人生目标不够明晰。职业再选择能够让大学毕业生通过自己与现实的融合，进一步对职业发展问题进行反思，从而对职业加以调整。

个人在职业选择过程中，通常会面临以下问题，促成了人们的职业再选择。一是任何人的职业选择，都面临着主观意愿向现实情况做出一定的妥协。社会环境、行业环境的发展不会受到个人主观意志的影响，有着自己的发展规律，个人在选择并加入职业后需要一个适应的过程，这个过程也代表着个人要向现实环境做出妥协。然而个人不会因为适应职业而无限地让步，当职业与个人产生更多的冲突时，就会通过职业再选择来进行调整。二是人们对于自我认知的提升，会让个人在职业生涯中产生新的追求。例如，有些大学生在职业选择过程中，可能会因为自我认知不清晰，对个人的职业生涯做出了错误判断。大学生做出的许多职业选择并不能发挥自己的优势，当大学生重新认识到自己的能力和问题后，就可以进行职业再选择。

(二) 职业再选择的基本原则

1. 客观原则

大学毕业生所进行的职业再选择，要让新的职业选择更加客观，既符合社会现实的需要，也能满足个人的意愿。

第一，社会需要是职业再选择的重要依据。随着社会的发展，各个行业都对新一代的人才提出了能力、技术、人格等方面的新需求，而大学生群体要适应这种变化，让自己相对于老一代的从业者产生优势。毕业生所进行的职业再选择，需要审视自己在社会需要中的作用。

第二，个人所具有的能力和个性优势也符合客观原则。许多大学毕业生在初次的职业选择中，会因为对自己的能力和优势分析不足，出现个人与职业的不匹配。当毕业生能够正确分析自己的优势和不足时，才能在职业再选择中确立明确的方向。

（1）大学生的专业特长是进行职业再选择的主要依据。大学生在经过大学期间的学习后，会在自己的专业上形成较为牢固的知识体系，这成为大学生专业特长发展的基础。在职业选择上，毕业生专业特长与职业要求相适应，往往更有利于个人发展。而如果要进行跨专业的职业再选择，毕业生需要评估自己是否具有其他专业能力。

（2）大学生要结合自己的能力进行职业再选择。大学生的个人能力在适应的岗位上能够快速转化为职业能力、工作能力，从而将工作的绩效更高质量地展现出来。如果大学生要进行职业再选择，最好不要脱离其能力范畴，而是选择与自己能力适应的其他职业。例如，如果毕业生的语言表达能力较强，可以选择与人际交往相关的职业，如营销、公关和社会服务工作等。

（3）职业再选择过程应与个性的成长相适应。个人的人格与个性都会在主观意愿上对职业选择产生推动力，并且影响着个人能否在职业发展上产生好的预期。在同一职业范畴内，从业人员的个性也是不同的，但职业的发展都能符合从业者的心理预期。大学毕业生在职业再选择时，需要考虑职业是否能够达成自己满意的效果。

2. 主动原则

大学生职业在选择的过程中应保持自己的主动性，积极地把握机遇，结合个人需求做出选择。职业再选择有时也会成为一个被动的过程，主要包括用人单位对于人员再选择、职业环境对于从业者的新需求等。作为个体来说，毕业生在职业再选择过程中不应让自己陷入被动，而是主动地为职业再选择做好准备，当机遇出现时应快速抓住，及时作出应对。一是职业再选择的过程中，应积极参与竞争，要看到自己在职业上具有的竞争优势。二是能够在生活和学习过程中关注就业环境的变化，其中最主要的是在科技发展和经济增长的情况下，自己从事的职业产生了哪些新的理念、技术等。这样，毕业生利用自己年轻的优势，一面参与工作，一面积极学习知识，使自己在职业选择中始终处于主动地位。

3. 主次原则

个人在面临职业选择时，会有多种选择，一般情况下需要进行多个工作岗位、多个用人单位和工作地点的比较。大学毕业生在职业再选择时，由于已经有了一定的经验，因此需要对职业的细节要素进行更多分析。除发展空间、薪资待遇、工作条件等问题外，一些如住宿、通勤、同事关系、作息等问题也都在考虑范畴之内。在这个过程中，毕业生依然要分得清主次，把握住自己最为关心的问题。职业再选择是一次让自己与现实更加贴近的机遇，毕业生需要经过更细致的分析，让个人在职业意向上改变不切实际的想象，为自己的生活与发展努力。

4. 立足长远的原则

大学毕业生进行的职业再选择，能够让他们对职业生涯做出更为长远的规划。通过职业再选择的调整，毕业生能够产生更为宽阔的视野，从未来发展的角度为自己做出选择。在很多情况下，个人对于职业做出的再选择，都是因为原有的岗位发展空间有限，使得自己的工作难以取得新的成就，很多人为了突破现状，就会做出再选择的决定。例如，个人通过离职从一名求职者成为创业者；个人因社会资源的提升，由小企业跨入大中型企业等。

三、努力实践奋斗成才

(一) 立足岗位，脚踏实地

在高校扩招、高等教育普及的环境下，大学毕业生通常不会一次性地成为高端人才，而是需要从基层岗位做起，通过自己的努力和对机遇的把握实现个人职业生涯的提升。这个提升过程主要来自两个方面：一是在用人单位内部获得升职机会；二是毕业生通过职业再选择，为自己创造向上发展的机会。但无论是哪种情况，毕业生都需要完成对基本工作能力的积累，需要大学毕业生从扎实的岗位做起，熟悉职场中的工作环节，积累从业的经验和业绩。许多大学生存在好高骛远、急功近利的心态，这与社会工作岗位的现实需求不符。大学生需要认识到，大多数身处高层次职业、取得事业成就的人才都是在一线工作中锻炼起来的。

(二) 学习锻炼，增长才干

当前是一个快速发展的时代，在信息技术的带动下，正在进行着科学技术、发展方式和产业结构的巨大变革。一名大学生要想从普通职业人成长为社会高端人才，仅靠大学学习、工作经历积累是不够的，还需要具有很强的终身学习能力，能够在社会环境下保持学习的习惯，拥有获取、加工新知识信息的本领。

作为参加了社会工作的人才，学习主要在实践中进行。工作中的学习，一方面是对本职工作中的技术、经验、职业素养等方面的学习；另一方面是通过职场中的实践让自己开拓视野，主动接触与职业发展有关的新知识。大学生的个人学习还在于分配好自己的私人时间，不应满足于生活上的享乐和放松，而是分配一部分时间精力开展系统学习。例如，准备职业资质相关的考试；学习和锻炼外语能力；学习数字化工具的使用等。❶

---

❶ 程欣、吕久燕：《大学生职业生涯规划与就业创业教育》，北京邮电大学出版社，2017。

第四章 大学生职业道德教育

第一节 大学生的基本职业道德

一、职业道德与职业发展

职业道德在职业活动中扮演着行为准绳的关键角色，它决定了个体是否能出色地满足岗位需求，并确保职业生涯的稳健前行。一个人能在职场中游刃有余，不仅在于其对专业知识与技能的深厚掌握，更在于其高尚的职业道德修养。因此，对于大学生而言，高度重视并持续提升自身的职业道德素养至关重要，这不仅是社会对个体素质的殷切期待，更是个人全面成长与职业道路长远发展的深层内驱力。

倘若一个人仅将职业道德视为对自己的束缚，那么遵循职业道德无疑会成为一种苦行僧般的负累；反之，若一个人能深刻领悟到恪守职业道德并非对自我的牺牲，而是实现自我价值的重要途径，那么践行职业道德将成为追求卓越、向往崇高境界的生动体现。

（一）道德基本内涵

道德，乃特定社会与阶级在历史长河中为人类铺设的一套独特的行为法则与规范，旨在指导人们妥善处理人与人之间、个体与社会整体、人类与自然环境间错综复杂的关系网络。不存在一成不变、超脱时空的抽象道德观念，它犹如一面镜子，映照出社会经济发展的脉络与变迁，随时代演进而不断衍化更新。

道德，作为立人之基石，贯穿于人生两大要务——"修身"与"处事"之中，尤以"德行优先"为重，旨在成就崇高品德的个体。道德规范如同衡量人格的标准尺，引导每个人以此为准绳行事，明确界定个人行为的正当与不当，从而提升人们的道德素养，使得人际、人与社会的关系达到高度和谐有序的状态。

(二) 职业道德内涵

职业道德，是在特定职业范畴内，从业者在职业活动中必须恪守的一种行为规范，它通过社会舆论、传统习俗及个人内心的道德信念得以维系。作为社会道德在职业领域的独特映射，职业道德对从业者与服务对象间、从业者相互间以及从业者与职业本身的关系起着调和与规范的作用。

职业道德实质上涵盖两个相互关联的核心层面：一方面，它是指导从业者在职业活动中妥善处理各种关系与矛盾的行为规范；另一方面，它构成了评判从业者职业行为优劣的价值基准。作为各行各业的基石，职业道德是每位从业者在职业生涯中必须严格遵循的行为指南。唯有深刻理解和内化各自的职业道德规范，从业者方能在实际工作中将这些高尚原则转化为切实行动。无论是肩负救死扶伤使命的医护人员，秉持"救死扶伤、治病救人"的誓言；还是身为人类灵魂工程师的教师，坚守"为人师表、教书育人"的职责；抑或保家卫国的军人，坚定履行"以服从命令为天职"的军人道德——他们都在各自的岗位上生动诠释了恪守职业道德的重要性。

因此，我们从以下三方面来正确理解职业道德。

第一，职业道德构成了社会主义道德的核心要素，承载着最基本的社会道德规范。

第二，职业道德深深植根于各职业的独特性之中，体现为特定职业所传承的道德准则、惯常的道德行为、内在的道德心理及高尚的道德品质。例如，法官以"庄重公正"为特质，护士则以"亲切细致"著称。鉴于各行各业承担的责任与义务各异，每种职业均拥有其相对独立且完备的职业道德规范体系。

第三，职业道德在实践中为实现有效传达与普及，常常凝练为简洁有力的表述，常借助于制度、守则、公约、条例、誓言、行规及标语口号等多元形式展现。这些具体而生动、精练且多样的总结，不仅朗朗上口、易于学习记忆，更便于指导人们在实际工作中各方面的行为规范。

随着现代社会专业化分工日益精细及竞争强度不断提升，全社会对各行业从业者的综合职业素养诉求愈加严苛，涵盖了爱岗敬业、诚实守信、办事公道、服务群众以及奉献社会等五大核心要素。

1. 爱岗敬业

岗位与职业，作为个体服务社会、实现个人价值的重要途径，承载着人们的社会贡献与理想追求。对从业者而言，爱岗敬业不仅是对其工作态度的核心诉求，更是各行各业人士应秉持的职业素养。爱岗，即深爱自己的岗位，倾力投入本职工作，全情付出以达成使命，又可诠释为对本职工作的热爱。敬业，则意味着以严谨认真的态度面对工作，恪尽职守，忠诚担当，这是从业者自觉履行职业义务与道德责任的根本体现。爱岗与敬业两者相辅相成，互为依托。爱岗是敬业的前提，没有对岗位的热爱，敬业便无从谈起；而敬业是爱岗的实际展现，缺乏敬业精神，爱岗则难以为真。唯有敬业，方能深化对岗位的热爱，进而坚守职责，乐于奉献。

2. 诚实守信

诚实，乃忠诚正直之体现，言行一致，内外如一。在职业操守中，诚信被视为最基本的要求，是每位职场人士必备的职业素养，更是职业道德的基石所在。诚信不仅构成了人际交往与社会活动的基础，更是构筑事业成功的重要支柱。而失信，则是最不可宽恕的道德缺失，无论是言而不实还是欺诈隐瞒，均将给个人乃至团队带来无法忽视的严重后果。

诚信，是各行各业从业者不可或缺的基本素养。众多企业在评价招聘对象时，尤为反感"虚假伪装"与"夸大其词"的行为。对于大学生群体来说，诚信更是时刻伴随并检验着他们的言行举止，无论是面对考试时是否会被舞弊的"诱惑"所扰，还是在撰写求职简历时是否存在成绩、业绩的"注水"现象。当前，社会相关机构正致力于构建职业信用评估体系，这一系统有助于高校为学生建立起全面的职业信用档案，翔实记录他们在实习、见习中的信用表现，从而为具有良好品行的大学生们顺利步入职场提供有力支持。一旦大学生在学历申报、简历制作或面试过程中出现失信行为，将直接导致其求职受挫。

大学生应从三个维度强化自身诚信品质的塑造。首先，坚持真实，无论在学习、工作还是日常生活中，都应严于律己，以诚待人，杜绝弄虚作假与谎言。其次，坚守承诺，树立信誉，避免夸夸其谈与空洞许诺，做到言出必行，一诺千金。最后，要有敢于担当的精神，面对错误，应明白犯错并非最可怕的，真正可怕的是逃避错误、自欺欺人，甚至诿过于人。试图为错误找借口只会让我们忽视问题根源，更会丧失他人信任。因此，诚信要求我们勇于承担责任，如此不仅能赢得他人的理解和更深的信任，更能促使自我汲取教训，实现成长。

3. 办事公道

在职业领域内，从业者应遵循国家法律法规、行业纪律及社会公德，秉持公正无私的原则行事，始终坚守公平公正的标准与原则，这是对职业道德规范的深刻诠释。办事公道，这一中华传统美德强调我们在处理事务时需追求公平正义，为人须光明磊落、坦荡正直。正如德国哲学家康德（Kant）所言："若无正义与公道，人生将失去其内在价值。"作为核心职业素养之一，办事公道是对个人职场品质的基本要求。从业者应严于律己，公正地对待个体与集体，确保决策客观公正、依规行事。以护士职业道德为例，其中明确指出要坚持原则，杜绝谋求私利的行为。

塑造公正处事的精神风貌，首先，要坚守真理、明辨是非，在重大原则问题上立场坚如磐石，始终以大局为重，以集体利益为先，坚决抵制不良风气的影响。其次，要严谨恪守职业道德，自觉接受职业规范的约束，严格遵守国家法律法规及行业规章制度，公正行使职权，忠实履行义务。再次，理性面对现实挑战。大学生步入职场时，难免遭遇不公与不正之事，但不能因此丧失公正之心，背离良知。应当理解社会进步伴随发展中的不足，虽然我们可能无力立即改变整体环境，但至少可以自我修炼，秉持浩然正气，而非消极抱怨。最后，始终坚持公平公正行事，不存私心偏袒。在工作中，避免因个人情感偏好影响判断，始终保持统一的标准和尺度，严格依法依规处理事务。

4. 服务群众

致力于全心全意为人民服务，始终以人民群众的利益为核心出发点，矢志服务于社会公益，真诚面向广大公众，这正是职业道德的核心诉求，也是为人民服务理念在职业实践中的生动展现。

要切实履行服务群众的职责，首先，树立牢固的服务意识，脚踏实地为每一位群众提供高品质的服务；其次，必须对群众饱含尊重，真诚相待，坚决不做任何有损群众利益之事，凡事皆应将群众利益置于首位。

5. 奉献社会

奉献精神，被视为职业道德的巅峰境地，它蕴含着一种超脱自我、无私无畏的精神内核，是职业道德修养追求的终极理想。社会的繁荣进步，正因有无数人对国家和社会默默地付出，我们的社会才得以日新月异，生活也因此绽放出愈加美好的光彩。

在职业领域中，奉献精神犹如一种深情厚谊，是对自身事业无怨无悔的热爱与全情投入。无论是何种组织架构，或是何种社会体制，都呼唤其成员能够在关键时刻挺身而出，为了国家和民族的利益倾力奉献自我。

大学生，除了精进专业技能之外，更应不断提升职业道德素养，在实践中以奉献社会的精神追寻个人的人生价值。为此，我们需热爱所从事的工作，从细微处着手践行：在工作中应秉持先人后己的原则，不拘泥于个人一时的得失；当组织面临困境或挑战时，要有挺身而出的勇气与决心。

(三) 职业道德在职业发展中的作用

职业道德构成了社会道德的核心要素，并逐渐内化为国家、社会乃至民族文化精神的基石。它在提升全社会道德风尚、引导行业及企业发展规范化、维护其信誉形象方面发挥着关键作用，同时也有利于调适职业环境中的人际关系，促进职场和谐氛围的形成。

作为即将步入职场的主力军，大学生群体必须重视并强化个体职业道德素养的培养。遵循职业道德规范，不仅能够带来道德层面的自我实现，更至关重要的是，它对个人职业生涯的成功与发展具有深远影响。

1. 职业道德是大学生步入职业生涯的必修课

从进入大学的一刻起，大学生们便怀揣对未来职场生涯的美好憧憬，并开始蓄力筹备，这一筹备的过程将深深烙印在他们四年的大学生活之中。积累专业知识、锤炼专业技能、提升综合素质，这些都是大学生为迎接未来职业生涯不可或缺的准备工作。然而，这仅是冰山一角，他们还需在多个维度上付出努力与准备，尤其要注重有意识地塑造和提升自身的职业道德素养。

职业生涯，即个体毕生生的职业历程与成长轨迹，其顺利与否及成功与否，关键在于是否具备高尚的职业道德素养。唯有严守职业道德规范、爱岗、拥有团队协作精神与奉献情怀的人，方能构建和谐的人际关系，赢得职场的肯定与支持。这不仅有助于职业技能的精进与充分施展，更能使个人价值在社会实践中得到充分实现。

职场生涯不可能总是一路坦途，其成长历程充满复杂性。面临挫折与失败，唯有具备坚实的职业道德底蕴，方能点燃履行职业使命的热情，孕育深厚的职业情怀，并激发出对事业的执着追求。如此，才能矢志不渝地坚守岗位，勇于直面现实、克服挑战，以实现最终目标。

作为即将步入社会的大学生，研习职业道德这门必备课程至关重要，旨在强化职业道德意识，积极推动自身职业道德素质的提升。

2. 良好职业道德素质是大学生事业成功的保证

自踏入社会，大学生们需努力赢得他人信任，这份信任既关乎他们的专业能力，也关乎他们的人格品质。职业生涯成功与否，固然离不开扎实的职业技能，然而，超越技能之上，职业道德素质更是决定性因素。具备高尚职业道德者，在职场中展现出诚实守信、敬业乐群、宽容待人、严于律己、擅长团队协作且不计个人得失等特质，能使得他们在职场环境中迅速适应并游刃有余，对职场规则及各类现象有深刻而正确的理解，并能稳扎稳打、步步为营取得成就。由此，他们的人际关系和谐，社交层次不断提升，个人发展空间也随之拓宽。

反之，没有职业道德的人难以在任何工作中取得成功。倘若个体缺失职业道德素养，对待工作敷衍了事、对利益患得患失、凡事锱铢必较、缺乏团队协作精神及诚信待人之道，那么他们不仅无法赢得领导与同事的好感，还会陷入孤立无援的境地，丧失他人的信赖，进而失去社会支持，最终也必将错过个人发展的良机。

每一位成功者都具备卓越的职业道德素养。因此，大学生应重视并不断提升自我职业道德修养，以踏实的态度向前辈学习，步步为营。这不仅是社会对个体的基本要求，更是确保个人职业发展迈向成功的基石。

二、提升职业道德修养

"修养"一词源起于《孟子》中的"修身养性"理念，北宋思想家程颐首次将两者融会贯通，创造性地提出"修养"这一核心概念。其中，"修"，蕴含着学习研磨、锤炼心性与提升自我的深意；而"养"，则涵盖了涵养、培育及熏陶的过程。"修养"即指个人通过持久的学习修炼与自我革新，实现内在素质的升华与品格境界的精进。

职业道德修养，是各类职业人士遵循职业道德的基本原则与规范，在实际工作中不断进行自我教育、自我重塑和完善，旨在塑造优良的职业道德品质，并逐步提升至更高层次的职业道德境界。

职业道德修养，既是个人道德素养的核心组成部分，又是职业素养不可或缺的要素。个体的品德塑造了其在社会中的立身之本，尤其对职场人士而言，高尚的职业道德修养至关重要。欲成为具备优秀职业道德修养的人，关键在于在职业生涯中积极主动地遵循职业道德规范，不断提升自身的修养水平。

从古至今，我国的传统文化形成了以道德修养为人们立身之本的价值观念，个人只有形成良好的道德与价值观念，才能实现修身、治国、平天下的目标。在当前社会中，社会的职业道德修养也是个人能够投入社会建设中的主要品质，代表着个人在适应社会中体现的言行、信誉和思想品质。

职业道德修养本质上是个体的自律行为，其核心在于"自我砥砺"与"自我提升"。个体职业道德修养的提升，既依赖于外界的约束与塑造，如社会环境的熏陶和教育引导，也倚重内在的主观能动性，即自我修养的锤炼。这两者相辅相成，不可或缺，而后者的作用尤为关键。

(一)提升职业道德修养的途径

1.树立正确人生观

人生观是对生存目标、价值内涵及生命意义的理解与认知，本质上是对人生的整体解读。拥有正确的人生观如同拥有明灯，可引导个体走上正途，成就崇高的人格。

正确的人生观对于个人职业生涯的塑造具有决定性影响。面对个人与社会关系的定位与处理，应以实现社会价值为核心，将个人价值与其高度融合，视社会价值的实现重于一切，这要求我们在日常行为举止和职业实践中展现出高尚的集体主义精神。因此，提升职业道德修养的第一步，便是树立正确的人生观。

2. 培养良好行为习惯

行为习惯彰显个体品行特质，而良好的行为习惯对于提升职业道德修养至关重要。借助"强化激励"策略，可在大学生群体中有效培养此类习惯，主要途径包括严谨的管理制度、积极的风气熏陶、丰富的实践历练及公正的行为评价体系。例如，通过设立职业道德相关课程，引导大学生主动参与职业教育，同时配合诸如讲座、论坛、展览、报告会等形式多样的课外宣传教育活动，营造浓厚的道德风尚氛围。各级学生党团组织亦可通过举办各类活动，深化大学生对职业道德的认知，从而有力提升其职业道德修养。

3. 学习先进模范人物

借鉴并效仿先进模范人物，是激发自我提升职业道德修养的重要途径之一。先进模范是社会道德与人格理想的具象体现，他们承载着社会普遍推崇的价值观念。在各个社会中，向先进模范学习被视为一种重要的道德标杆，对于推动全社会职业道德风尚的积极进步具有显著的示范效应。

广大从业者，特别是青年人，内心深处往往怀揣着崇高的道德理想和人格追求，对先进模范充满敬意，并期望通过实现卓越成就，赢得社会的认可、赞誉。因此，在实际的社会生产实践中，我们应当充分利用先进模范的感召力，有力地推动全社会职业道德水准的整体跃升。

4. 积极参加职业实践活动

职业道德修养的形成需要大学生在社会实践中体现出来，这样才能使大学生了解人与人之间的相处方式，适应各个行业中的基本职业规则。实践也是让大学生在校园之外建立良好人际关系的关键，使大学生的言行能够得到社会的检验。

因此，要想培养大学生的职业道德，高校就应该鼓励大学生参与各类社会实践活动，其中包括与就业创业有关的活动，也包括其他社会公益活动。大学生在适应社会的过程中，应结合自身的专业学习和职业发展意向，在相关企业中参与社会实践，加强对职业发展的理解。在实践过程中，大学生应按照个人与社会的关系，正确认知当前社会的道德准则，完善个人道德观念，使自己在职业理想上形成理性认知。

5. 自我教育

构建坚实的职业道德基础，关键在于个体的积极主动精神。大学生应培养深度思考的习惯，持续关注自我提升，通过自我学习、修正观念误区以及自我批评，树立起"尊重自我、反思自我、警示自我、激励自我"的自我教育机制，以促进自身职业道德素养的不断精进和完善。

(二) 提升职业道德修养的方法

1. 努力学习

努力学习是提升职业道德最基本的方法，包括以下两个方面。

一方面，学习职业道德的原则、核心、基本规范等理论知识。理论知识如同灯塔，为培养良好的职业道德修养提供正确引导，是形成职业道德品质不可或缺的前提。唯有全面理解和熟练掌握职业道德的根本原则和规范，方能把握行动的主动权，避免盲从。通过系统学习，我们得以明晰是非对错、分辨善恶、明确可为与不可为，从而树立起正确且理智的职业道德观念。

另一方面，大学生要加强个人职业能力的学习。大学生在高校中所学的学科技能，需要在职业发展中得到检验，许多职业技能需要通过社会实践才能得到完善。职业技能提升也是职业道德发展的基础，能够让大学生更深刻地认识职业的本质和规律，加深对职业道德的认知。任何行业都有其特殊性，需要大学生在职业发展中继续学习职业技能，将职业技能与职业道德的关系整合起来，从职业发展的角度来查看职业道德的形成。

2. 反躬自省

注重自我反省，需时常冷静剖析自身的观念与行为瑕疵，并借助自我意识深度反思言行举止。古人对此亦有深刻理解，孔子曰："见贤思齐焉，见不贤而内自省也。"其弟子曾参更是倡言"吾日三省吾身"。毛泽东同志亦强调常思己过，这些自我反省的修身智慧，在当前改革开放与市场经济的大潮中，更显其珍贵价值。

通过持续不断的自我反省与自我批评，我们能精准检视自身言行是否合乎规范，客观地认知自我、评价自我，明晰自身行为与道德准则间的差距，进而深入领悟职业道德内涵，实现自我完善。反之，若忽视对职业思想与行为的反省，缺乏严谨的自查与自我批评，则小错易累积为大错。因此，唯有坚持频繁且深入的自我反省，方能汲取经验教训，获得真正的自知之明，从而在人生道路上稳操胜券。

3. 慎独

在中国传统道德观念中，"慎独"被视为一种崇高的道德追求，它强调即使处于独处状态，个体仍应恪守道德准则，坚决不越矩。这是一种个人无时无刻不在进行自我监督和约束的精神境界，无论是否有人注视，都应坚守职责，自发地遵循法律法规及道德规范。慎独，既体现了一种高尚的情操，又彰显了深厚的个人修养，唯有慎独之人，方能称得上真正的高尚之士。

三、培养职业情商

传统观念普遍将智商视为职业成就与事业成功的决定性因素，但这一观点现已被质疑具有局限性。哈佛大学心理学权威丹尼尔·戈尔曼（Daniel Goleman）曾提出一句深入人心的公式："成功 =20% 智商 +80% 情商"。

这意味着，在衡量事业成功的天平上，智商（IQ）并非首要权重，反而是情商（EQ）占据了主导地位。智商固然为个体的成功奠定了基础，而情商则扮演着催化剂的角色，决定了智商潜能发挥的实际效能与边界。

（一）情商的概念

情商的关键要素在于有效管理自我情绪的能力，这一能力越强，个体越能在面对生活时保持冷静乐观、积极向上的心态，迅速从诸如焦虑、愤怒、抑郁、悲伤等负面情绪中解脱出来。研究揭示，积极情绪能使人的中枢神经系统运行在最优状态，激发全身活力，充分释放潜能，从而显著提升脑力工作效率及持久性。反之，长期沉浸在消极情绪中，则可能诱发各种身体疾病，并阻碍个人成长与发展。

尽管情商部分源于先天基因，但其形成更多地取决于后天的社会实践经历，这意味着情商可以通过后天培养和改善。为此，家长应高度重视对孩子情商的培育，而青少年则应在人际交往和社会实践中不断历练，以提升自身情商水平。

（二）职业情商的内涵

职业情商，是指在特定职业领域内必备的情绪管理能力，尤其关注对自身及他人工作情绪的认知与掌控，以及妥善处理职场人际关系的智慧。它是职业人士实现职业成功的核心要素。

在职场角逐中，知识、经验和技能等智力要素固然举足轻重，但真正左右职业发展走向的核心要素，乃是职业情商。

职业情商对于个人职业晋升起着积极推动作用。一方面，它助力个体实现"知己"，精准评估自身能力，挖掘内在优势与潜力，巧妙融合个人兴趣、职业气质与工作需求，从而找寻到驱动职业长远发展的深层动力。另一方面，通过

"知彼",个体能将自己的特性和条件对照岗位需求,明晰自身的竞争优势与不足,进而精确锁定职业发展的具体目标。

(三)大学生提升职业情商的方法

职业情商在职业生涯中占据核心地位,对个体职业发展具有深远影响,故提升职业情商堪称个人职业进阶的关键所在。卓越人士或许并非皆具高智商,但必定拥有出色的情商。为此,我们需要从情绪的认知与调控,以及人际关系的高效管理两个维度有力地锻造并提升职业情商。

1. 管理情绪

人基本情绪可归结为四种:快乐、愤怒、恐惧和悲哀,其中仅快乐为正向情绪,其余均为负向情绪。这四大基本情绪衍生出了丰富多样的复合情绪,诸如紧张、烦躁、厌恶、羞愧、悔恨、嫉妒、冷静、勇敢、喜爱、自信、热忱、同情等。有效管理并克服消极情绪,对于实现人生成功至关重要。

直面并深入洞察自我情绪,诚实地剖析自身的情感世界。学会适时调适自我的情绪至最佳状态,并能敏锐感知及适应他人情绪变化,对适宜的对象以得体的方式抒发情绪,此乃情绪智慧之体现。

(1)控制情绪。人之常情莫过于喜怒哀乐,关键在于如何适度展现,以免强烈情绪如愤怒、急躁等对工作、学习、生活、健康乃至人际交往产生负面影响。我们需要掌握各类情绪管理策略,灵活调整自我情绪状态,确保情绪平稳,行为积极向上。例如,面对愤怒情绪,可运用拖延策略、注意力转移或理性调控等方式,将其有效控制并转为前进的动力;而应对过度紧张,则在平日积累放松技巧之余,学会专注目标而非情绪反馈,从而实现情绪的良好调适。

在日常生活中,我们应持续锻炼自我调控力,从每日经历中挖掘积极元素,以乐观、自信和饱满的热情应对挑战与挫败。

(2)合理宣泄情绪。宣泄负面情绪是指将其表达、释放出来。无论是痛快地哭泣一场、向亲朋好友倾诉心事，还是选择散步、体育锻炼、观影、聆听音乐、阅读书籍、欣赏花草，或者户外郊游，都是有效的宣泄方式。在日常与工作中，人们要选择最适合自己的行为来适度排解不良情绪。

（3）坚持原则。情绪管理的核心之一在于，面对他人的无理要求，应坚守自我尊严与原则，以自信姿态挺身而出，而非一味退让。

2.提高人际关系管理能力

在学习、工作和生活的各个领域中，与他人的有效协调与沟通是不可或缺的，它是构建和谐人际关系的关键基石。洞察他人情绪，理解其内心所思所想，实则是一种人际交往的艺术，它深深影响着个体的人际和谐度及领导力展现。为此，我们需要依据对方的心理动态作出相应的互动回应，从而赢得良好的人际关系。

（1）学会沟通。人际交往中，不可或缺的是情感与思想的互动与回馈，这便是沟通的本质。高情商者往往能以娴熟的技巧驾驭人际关系，无论是建立还是维系社交网络，都能做到游刃有余，进而助力事业的成功。

我们应学会运用得宜的语言及适宜的身体语言传达自我情绪，在人际交往中灵活运用多元沟通方式增进彼此理解、化解误会，实现和谐而高效的沟通效果。

（2）学会换位思考。换位思考，即设身处地、感同身受地理解他人，是人际交往中的重要智慧。在互动中，我们应注重建立深厚的理解与信任，并积极践行换位思考。当矛盾、冲突或误解产生时，尝试置身于对方情境，便能更易领悟其真意，进而有效化解误会。

人与人交往并无固定模式，唯有常怀换位思考之心，在工作与生活中时刻关注并体谅他人，才能增进理解与宽容，有效缩短人际距离，从而提升关系质量。

（3）学会赞美。每个人都有其独特的优点，恰到好处地赞美他人能激发他们的情绪潜力，进而最大化地展现其优势。在实际中，赞美应注重适宜与节制，以免被误解为刻意逢迎或反讽。因此，掌握赞美的艺术至关重要。

赞美力求精练而真挚，针对不同对象灵活调整赞美方式与语调。例如，面对年轻人，可适度运用夸张以示激励；对待长者，则需饱含敬意。此外，主动向他人请教问题，亦是表达赞美的一种巧妙方式。

（4）学会宽容。宽容是高情商人士不可或缺的智慧工具。适切的宽容不仅能增进人际关系，更有益于身心健康。宽容待人，并非软弱的表现，而是赋予他人改正错误的勇气。掌握宽容的艺术，意味着为自己的生活注入更多快乐。

（5）学会微笑。微笑如同人际交往中的名片，是解锁快乐的密钥。它承载着宽容与接纳，拉近心与心的距离，实现心灵的共鸣。真诚的微笑犹如春风吹过雨后大地，深入人心。在赞美他人之际，微笑可为你的肯定增添重量；在请求他人之时，微笑令对方难以抗拒；在接受他人帮助之时，微笑则传递出更深的感激之情；若不慎伤及他人，微笑能以柔情传达歉意。微笑，这一富含深意的表情符号，能够消融人际间的陌生与壁垒。面对微笑者，我们能直观感知其自信、友善与亲和力。❶

第二节　高校职业道德教育内容

一、高校职业道德教育的基本原则

职业道德的核心原则，在于指导人们在职业活动中妥善处理职业关系、个人利益与社会利益的关系，这是职业道德规范的基石所在，集中体现了其社会

---

❶ 赵雪政、余少军、余金保：《大学生职业生涯规划与管理》，上海交通大学出版社，2022。

本质与阶级属性。同时，这一基本原则也是评判职业行为及职业道德修养的最高标尺。

职业道德，作为价值观与行为规范的体现，源于特定的社会实践活动。它既反映了特定社会或阶级的需求，也为其服务。鉴于社会性质各异，职业道德原则自然存在差异性；即使在同一社会的不同发展阶段，职业道德原则也会随社会发展和实践进程而不断更新其内涵与要求。那么，在我国当前阶段，职业道德的基本原则具体为何呢？

(一) 以社会主义核心价值体系为指导原则

社会主义核心价值体系在中国社会价值体系中占据着核心枢纽位置，其影响力辐射至各个维度，决定了整个价值体系的本质属性与发展方向。该体系由四大基石构成：一是马克思主义的指导思想；二是中国特色社会主义的共同理想追求；三是以爱国主义为魂魄的民族精神和以改革创新为动力的时代精神；四是体现社会主义道德规范的社会主义荣辱观。这四大要素紧密相连、相互渗透，形成一个内在统一的精神内核，铸就了社会主义制度的灵魂。尤其在职业道德建设领域，社会主义核心价值体系扮演着关键性的导向与驱动角色，以其深厚的理论基础统率理想观念、精神风貌及道德规范各层次，从根本上指引着职业道德建设的方向与进程。

(二) 集体主义原则

在社会主义市场经济体制下，集体主义原则是公民道德建设的核心，是推动社会主义经济、政治和文化发展的内在需求。面对各类复杂的利益关系，我们始终坚守以集体主义原则作为指导。职业道德作为一种行为准则，旨在协调从业人员与服务对象、同行之间，不同职业领域之间，乃至职业活动与社会整体之间的多元关系，而这些关系的本质皆为利益关系。要妥善处理这些利益关联，就必须坚定贯彻集体主义原则。

(三) 坚持忠于职守原则

在任何组织或企业中，每位从业者在肩负岗位职责、践行职业活动时，实质上都置身于一种契约承诺与相互依赖的关系结构中。他们须对自身职责及组织目标保持忠诚，并全力以赴地履行职责、承担责任，同时持续提升自身执行力，以优化职责履行效果。

二、高校职业道德教育的主要范畴

职业道德范畴构成了职业道德体系的核心架构，它深刻揭示了不同行业间、行业与社会间、行业内人员间以及从业人员与社会间的根本性、关键性和普适性的道德联系。从业者正是通过这些职业道德范畴，将职业道德原则内化为个人的道德规范。

下文将聚焦社会主义职业道德体系中的七大核心范畴：职业理想、职业态度、职业义务、职业纪律、职业良心、职业荣誉及职业作风。

(一) 职业理想

任何职业均有其独特的职业理想，这是个体基于社会需求和个人特质，通过憧憬构想设定的奋斗目标，即个体所向往的职业高度。它是个人实践生活理想、道德理想乃至社会理想的重要途径，同时受到社会理想的深刻影响。职业理想是对未来职业成就与价值的前瞻性体现，它决定了个体在职业生涯中展现出的热情投入度和责任担当。职业理想有如下三个方面的作用。

1. 导向作用

理想犹如航行中的灯塔，是内心坚定的靶向。个体生涯规划的核心，正是依托于职业理想的构建与实践。因此，一旦确立了明确且切实可行的职业理想，并付诸持之以恒的努力，人生发展蓝图必将得以实现。

2. 调节作用

职业理想犹如现实生活中的航标，引导并校准我们的职业行为。一旦工作实践偏离预定的理想轨迹，职业理想便即刻发挥修正作用，特别是在遭遇挑战与阻碍时，若无其支撑，人们易陷入沮丧与斗志消减的困境。简言之，唯有确立正确的职业理想，个体方能无论顺境逆境，始终保持昂扬进取的姿态坚定前行。

3. 激励作用

职业理想犹如一股强大的精神动力，驱动个人事业发展与社会进步。人们在职业规划、抉择以及面对就业创业的挑战时，无论遭遇何种困境、经历何种曲折，都能坚定地朝着既定职业理想挺进，直至实现事业巅峰。鉴于个体的思想素养、道德观念、知识技能、家庭环境及对外界影响的接纳程度存在差异，故无法设定统一的职业理想范式。为此，树立正确且符合自身特点的职业理想需关注以下核心要点。

(1) 认识到自身条件。在设定职业理想时，应立足于自身实际情况，避免过于好高骛远或过分自我贬低。同时，应力求学以致用，优先考虑与所学专业相近的职业作为理想职业选项。

(2) 树立正确的人生观。人生观是个体对人生目标与价值的核心认知与根本立场，它塑造了个体对人生多元视角的独特见解与态度差异。正确的人生观能引导形成正确的职业理想，而错误人生观则易导致职业理想的偏离。

(3) 树立正确的职业观。职业观是个体在择业及从业过程中秉持的核心理念与根本态度，它是个人理想的职场映射，是构成人生观不可或缺的部分。职业观的核心构成包含三个方面：谋生、个性发展以及社会责任。在这三个基石要素中，哪一项占据主导将决定个体职业观的具体形态及其深度层次。

(4) 全面地认识自己。要树立正确的职业理想，首先要进行全面的自我认知。首先，了解自身的生理特性，如性别、体型、健康状况、体质、视力及外貌特征；其次，把握个人心理特质，包括兴趣、能力、气质、性格、人格类型以及道德素养；再次，清晰评估自身学习水平及潜在发展高度；最后，正视自身身心特点、学识能力与未来职业需求间的差距。在深入全面认识自我的前提下，结合自身发展潜力，找准合理的人生定位。

（5）全面地了解社会。洞悉各地域的产业、行业与职业构成，深入理解该职业群体中各类职业的社会价值、工作特性、工作环境、薪酬待遇及发展前景，并明晰各类职业对人才素质的具体需求。

(二) 职业态度

职业态度，是指个体对其所从事职业的价值认知及其行为表现，涵盖了择业策略、工作导向、独立决策力以及选择过程的认知观。简言之，职业态度即个人在职业抉择中秉持的理念与态度。

1. 职业态度的重要性

首先，态度起着核心作用。在职场生涯中，个体发展受多元因素驱动，如职业技能积累——过往的学习与工作经验积淀、机遇因素——能否有幸加入优质企业，而最关键的一环，则是职业态度，即对待工作的精神风貌。尽管卓越技能与好运不可或缺，但若缺乏坚实的职业态度基石，成功的概率将大大降低，即便偶有成就，也难以赢得他人的认可。

其次，态度定胜负。职业态度与职业生涯的成败息息相关，积极正面的态度往往能催化职业的成功。管理者不仅需深刻理解并亲身示范态度之重要，以积极姿态引领工作，更需引导全体员工意识到态度的关键性，从而树立起积极高效的工作态度。

2. 职业态度的养成

正确职业态度的养成是不容忽视的课题，主要从以下三个方面来探讨。

第一，家庭教育方面。在职业抉择中，家庭观念往往深刻塑造个体的职业观。"万般皆下品，唯有读书高"的传统观念使多数家长倾向于追求孩子的高学历，故而对学业成绩尤为看重，却相对忽视了那些具有职业探索价值的课程。诸如艺术类、职业技能选修课及工艺教育课程等，不仅能够陶冶情操，更能帮助孩子发现自身能力和兴趣所在，培养良好的职业道德，并增进其对职业知识技能的理解和对未来工作的认知。因此，家长应当积极鼓励孩子利用这些职业探索的机会，深入了解自我潜能与兴趣，从而做出最适合个人发展的选择。

第二，学校教育方面。学校作为教育主阵地，深刻塑造着学生的言行习惯与价值观念，尤其在步入职场前的大部分时光，学生均在此环境中度过，故培养职业态度实乃学校教育的核心要务。为此，学校需推行职业探索和辅导机制，助力学生树立正确的职业观。同时，常态化的职业预备教育不可或缺，旨在引导学生深入了解各行各业，明晰自身能力和兴趣所在，洞悉国家社会的就业需求，从而坚定职业信念，增强就业自信。

第三，社会教育方面。个体毕业后步入社会，各地区普遍已设立就业指导中心，政府也正积极推动就业保障体系的构建。唯有完善的职业市场制度，方能培养出个体健康的职业素养。

总结而言，无论从事何种工作、处于何种职位、怀抱何种崇高理想，态度始终是决定成就高度的关键。转变心态，即能塑造出优秀员工应有的职业素养：忠诚坚守、敬业奉献、责任担当、积极主动、勤奋不懈、勇于创新并精于学习。

(三) 职业义务

在各行各业中，职业义务是不可或缺的道德准则，它是职业道德互动关系的本质体现。在这个紧密相连的社会大集体中，任何行业都无法脱离其他行业独立生存与发展，个体也无法抛开职业独立生活。

职业义务源自行业间的相互依存、从业人员之间的互动联系，它不仅彰显了从业者对自身职业、社会及他人的道德责任和担当，同时也体现了社会、职业本身以及他人对从业者职业行为的道德期待。总的来说，它勾勒出行业间、行业与社会之间相互承载的道德使命和职责。

职业义务有三层含义。一是法律层面，公民与法人需履行法定责任；二是道德范畴内，个体应积极承担道义责任；三是在职业道德中，尤指在职业实践中秉持无私奉献精神，以及自觉践行无须物质回报的道德担当。

职业义务源于职业环境、实践活动及职业在社会结构中的定位。当个体投身某一职业，即意味着置身于特定的职业环境中，承载着相应的职业使命、职责与任务，而对这些要素的理解与感悟则构成了职业义务感。职业责任作为职业义务的核心要素，与职业使命和任务共同构筑起职业义务的整体框架，精准界定了从业人员应有的职业行为内容。一旦从业人员深入理解并熟练掌握这些要求，即可以此为基础，积极履行自身的职业义务。

(四) 职业纪律

职业纪律作为一种行为准则，要求从业人员在职业生涯中严格遵循秩序、忠实执行指令并切实履行职责。它是建立在广大从业者共同的利益观、信念及目标基础之上形成的、具有高级自觉性的新型纪律形态。其核心特质在于自觉性的高度强化与深厚的道德内涵，因此，职业纪律被视为职业道德的核心组成部分。

1.职业纪律的一般特征

第一，职业性。职业纪律鲜明地体现了其职业属性，它根植于职业活动与职业性质的独特性，并紧密结合用人单位的具体工作特性，旨在规范并约束劳动者的职场行为。

第二，安全性。职业纪律的核心价值在于确保劳动安全，有力保障劳动者在生产过程中的安全。

第三，自律性。在长期的职业生涯中，劳动者为了确保自身安全与健康，从切身利益出发，亟须一套保障正常生产劳动的规范与流程。因此，职业纪律实质上是劳动者自觉且自愿遵循的行为准则。

第四，制约性。劳动者一旦违反职业纪律，将面临相应的处罚措施。通常情况下，会遭受用人单位的行政处分或经济惩戒，若行为触及刑法，还将面临刑事处罚。

2. 职业纪律的作用

职业纪律是人们在各个职业岗位生产和工作中建立起来的纪律规范，对于提高工作效率、确保生产安全具有重要的意义。职业纪律具有约束力，能够让相同和不同岗位中的人员按照一定的规则来工作，避免因个人失误而出现安全和效率问题。在各个企业和行业发展过程中，都需要建立相关的职业纪律，并将其转变为制度性的规范和职业道德性的规范，让从业者的职业能力得到提高。

3. 职业纪律的范围与种类

职业纪律的约束力遍及整个劳动过程及其相关各方面，涵盖了工作时间安排、劳动态度展现，严格遵守各项生产、安全、技术及卫生规程，以及对管理、考勤等全方位要求的服从。

职业纪律的种类如下。

（1）时间。要求职业中的工作人员按照规定的时间参与工作和完成工作任务。

（2）组织管理。在形成一个企业和部门时，需要为参与工作者的协作、分工和人力管理建立管理纪律。

（3）岗位纪律。职业人员在自己所从事的岗位工作时，应按照岗位的要求遵守工作纪律。

（4）协作纪律。要求各个工作人员在合作完成任务时，协调好各个方面的关系，完成分工职责。

（5）安全和卫生纪律。要求人们遵守安全生产各个方面的纪律，同时还应注意遵守相关卫生、环保等纪律要求。

(五) 职业良心

职业良心是从业者在职业生涯中对自我职责与义务深刻自觉的认知体现，它凝聚为坚定且持久的职业道德情感、信念及习惯。这是职业道德原则内化于思想意识的具体表现。

1. 职业良心的特点

职业良心不同于一般人的良心，也不同于人们在其他社会活动中应拥有的良心，它具有以下几个基本特征。

第一，职业良心具有强烈的时代性。尽管职业良心具有复杂而微妙的主观心理形态，但其本质上是客观的职业义务内化。随着时代的变迁，职业道德标准各异，因而职业良心的具体内容及其表现形式也会相应变化。

第二，职业良心具有相对独立性。一旦职业良心铸就，便会内化为职业人坚定的信念，并展现出相对独立性。这种良心共识不仅能够深深植根于所有从业人员心中，更能在社会层面产生深远影响，不轻易受外界情感波动所左右。即使面临困境与风险，拥有职业良心的人士也能始终如一，坚决遵循良心的指引行事。

第三，职业良心具有高度的自觉性。职业良心要求个人结合社会公德和职业道德形成自我判断和评价能力，是人们通过自觉意识而形成的职业态度和职业行动准则。职业良心的形成，能够让职业人形成一种自觉意识，自觉遵守工作流程和职业规范，保障了各个岗位工作的顺利开展和个人职业道德水平的提高。

第四，职业良心带有明显的职业针对性。职业良心的指向性根植于具体的职业规范之中。各类职业均有明确且规范的行为准则，详尽阐述了从业者应有的行为边界：哪些必须做，哪些不可为，哪些是职责所在，哪些被明令禁止。

2. 职业良心的作用

职业良心在职业活动中起着重要的作用。

首先，职业良心在从业者行动前起着引导与筛选作用，它帮助从业者依据职业道德准则审视自身动机，积极肯定符合道德规范的动机，及时抑制或摒弃不符要求的动机，从而助力他们做出明智的决策。

其次，在职业实践进程中，职业良心扮演了实时监督的角色。对于合乎道德的行为情感、意志、信念及行为方式，职业良心会予以激励；反之，对于违背职业道德的冲动或情绪，则会予以纠正并克服。尤其在面临认知误区时，职业良心能校正个人私欲与偏见，调整行为路径或方式，有效防止负面结果的发生。

最后，在职业活动结束后，职业良心承担了自我评价的功能，使从业者对专业行为及其成果进行全面而深入的反思与评判。

职业良心深刻塑造着从业者的道德生活全貌，它贯穿整个职业活动过程，对各环节产生深远影响，并成为从业者的精神支柱。因此，着力培育从业者的职业良心至关重要。

(六) 职业荣誉

职业荣誉蕴含双重含义：其一，它是社会与业界为衡量从业者职业道德行为而设立的价值标准，是对他们尽职履责行为的公开赞誉；其二，它体现为从业者对其自身职业行为社会价值的内在认知，即蕴藏于职业良知中的自尊与自爱。综上所述，职业荣誉实质上是对职业行为社会价值的普遍认同的客观评价及个体正确认知，是衡量职业义务与职业良知的价值标尺。

职业荣誉所包含的两个方面是互相联系和互相影响的。

在主观层面上，职业荣誉体现了从业者内在的知耻、自尊与自爱之心，它是衡量职业良心的重要标尺。这种职业荣誉感促使从业者主动遵循职业道德规范，即使面临个人牺牲也坚持维护职业尊严、信誉和个人品格。

客观层面上，职业荣誉是社会及行业对从业者恪尽职守行为的高度赞扬与评价，也是衡量职业义务价值的关键标准。在此意义上，职业荣誉要求从业者精研并掌握现代职业技能，严守职业纪律，始终如一地履行职业义务。

(七) 职业作风

职业作风，是指从业者在日常工作与生活中展现的一贯态度，它是职业道德在个体职业行为中的具体体现。一个团队若拥有卓越的职业作风，则能通过成员间的相互熏陶、示范、激励和监督，营造积极的职业氛围与风气。如此，职业道德所倡导的良好思想、品质及行为将得以弘扬，而违背职业道德的不良思想、品质及行为则会遭到有效抑制。

总之，职业作风具有深刻的道德意义。甚至可以说，职业作风就是职业道德。从某种意义上讲，职业作风关系到行业、单位的兴衰成败。❶

第三节　大学生的团队精神培养

一、团队精神概述

(一) 团队

团队，是以互助合作、团结一心为核心，为实现同一目标和高标准而不懈努力的集体。它既看重个体的工作成效，更注重整体业绩的表现。团队的本质

---

❶ 李海波主编《职业道德》，广西人民出版社，2014。

在于共享承诺，即共同肩负团队责任。一旦作出这一承诺，团队将凝聚成一股强大的力量，成为坚不可摧的整体。

(二) 团队精神

团队精神，本质上是对大局观、协作力和服务意识的高度融合，表现为团队成员对团队价值观的深度认同与高度满意，他们将团队利益和目标置于个人之上，各司其职且尽忠职守。同时，他们积极主动地与其他成员携手共进、共同拼搏，形成一种自发而热忱的合作态度与行为风尚。

团队精神的核心精髓在于高效协同。它超越了常规合作与同心协力的表象，更深层次地聚焦于强化沟通交流、挖掘个体潜能，通过紧密团结与协作实现优势互补，催生积极的协同效应。

二、培养大学生团队精神的意义

(一) 时代发展的需要

在当今社会，"是否具有团队精神"被视为衡量个人能否胜任工作的关键因素，个体力量在复杂的社会环境中显得愈加有限，仅凭一己之力解决重大问题的可能性近乎渺茫。如今，许多显著的成就往往是"集体智慧"的结晶，而创新人才也更倾向于以团队形式展现价值。因此，时代呼唤个体不仅拥有扎实的专业技能，更要具备出色的团队协作能力。高等教育肩负着培养具有良好团队精神、适应社会需求的大学毕业生这一重要职责与崇高使命。

(二) 有助于大学生尽快适应社会

强化大学生团队精神的塑造，有助于他们锤炼积极的心态，以适应社会风云变幻的挑战。当大学生具备团队精神，其求职路上将更易赢得企业认可，从而把握住更多优质就业机遇。

(三) 有利于大学生综合素质的提高

强化对大学生团队精神的培养，有助于他们在协作中展现奉献、进取及团结合作的品质，从而提升人际交往效能和塑造良好的行为习惯，同时孕育民主意识与心理韧性。在持续的团队活动中，这种精神能够营造出积极满足的环境，激发他们的创新性工作与学习热情，并学会通过团队合作实现共创、共享进步与发展。

三、培养团队精神的途径和方法

(一) 团队组织者和领导者的团队精神培养

作为团队的领导者，首先，要构建高效的监管约束机制，营造团结且严谨的工作环境；其次，要打破不必要的工作边界，培育团队整体协作精神，倡导"分工无界，互助共进"的工作模式；再次，要赋予每位成员展现自我价值的空间，同时破除个人英雄主义及傲慢心态，将团队力量聚焦于协同作战，共享荣誉与挑战，强化团队集体意识；最后，要尊重并接纳每位成员的独特性，引导他们学会包容、欣赏和尊重他人，从而增强团队归属感与凝聚力，确立共同目标，携手实现共同理想。

(二) 团队成员的团队精神培养

作为团队成员，要培养团队精神，必须注重对以下能力和品质的培养。

1. 培养主动做事的品格

在团队中，不应坐等他人指派任务，而应积极探寻团队所需，充分调动主观能动性和意识，精心规划并全情投入以实现目标。

2. 培养敬业的品格

唯有秉持敬业精神，才能将团队之事视同己任，进而充分发挥个人智慧与才智。个体命运与所在团队紧密相连，因此应积极投身集体活动，竭尽全力完成肩负的任务，无论是学习还是工作，都需养成一丝不苟、尽职尽责的良好习惯，提升自身责任感。

3.培养宽容与合作的品质

团队成员各有所长，亦有所短，关键在于如何以包容与欣赏的眼光审视彼此，在平凡中挖掘他人的闪光点。在日常互动中，锤炼宽容与协作的品质既是塑造团队精神的核心要求，也是通往人生快乐不可或缺的路径。

4.培养全局意识、大局观念

团队精神并不排斥个人的独特性展现，但个性表达必须与团队的整体行动保持协调一致。在实际工作中，我们应积极培养自身的全局观念。以建设卓越班组为例，切不可仅关注自我需求而忽视他人感受；同样，欲打造一流部门，每位成员都应摒弃种种借口，积极参与集体活动，而非独善其身。唯有如此，团队方能如磐石般坚实、凝聚，优秀的团队风貌才能得以塑造，个体亦能在其中获得更大的成长与发展。

四、影响团队绩效的因素

(一) 公平因素

公平可被划分为程序公平与结果公平两个维度，前者强调赋予每个人同等的机会，后者则追求实现人人皆享同等的结果。在确保程序公平的基础上，结果的差异实际上反映了个体的能力差异与努力程度。相反，一旦程序公平缺失，必将引发秩序紊乱。因此，从某种程度上讲，程序公平的重要性超越了结果公平。过分追求结果公平而忽视程序公平，容易催生"平均主义"，这不仅会削弱那些业绩卓越的团队成员的积极性，更会对整体团队效能产生消极影响。

(二) 绩效评估方法

一个团队的成功离不开公正且透明的绩效评估体系，该体系应能准确衡量每位成员的表现。若评估机制缺乏透明度与科学性，将直接削弱团队成员的工作积极性，从而拖累整体团队绩效。忽视对个体付出的公正评价，易导致部分成员浑水摸鱼，无法有效投入团队建设，甚至可能对其他成员的积极性产生负面影响。

(三) 人际关系

复杂的人际关系对团队绩效具有显著的消极影响：团队成员过度消耗精力处理人际问题，导致工作专注度下降，从而削弱整体团队效能。因此，团队亟须营造和谐融洽的人际环境，让成员能在轻松无压力的人际交往中全情投入工作。[1]

---

[1] 张琳、李中斌、王杨主编《大学生职业生涯规划与就业指导》，上海交通大学出版社，2018。

第五章 大学生就业创业能力培养

第一节 大学生自我能力培养

在当今严峻的就业环境下,大学生从求职到职业晋升,无不依赖于全面而扎实的职业能力。随着大学生就业压力的与日俱增,职场竞争愈加激烈,企业对大学生能力素质的标准也在不断提升。因此,大学生在校期间应积极锤炼卓越的职业能力,为未来就业及职业发展铺就坚实的基础。

一、大学生学习能力培养

(一) 规划学习目标

1. 专业学习目标的规划

专业学习目标规划,是以对未来职业发展趋势的前瞻洞察与对企业人才需求的精准把握为依据,精心设计大学学习生涯,旨在有策略地获取所需知识与技能的一种自我管理实践。科学规划学习,能够助力大学生明确并锁定大学阶段的成长目标、发展前景及路径选择,从而高效配置时间和精力,获得最佳学习成效。

2. 专业与兴趣的协调

未经深入探究,仅凭表面认知难以揭示专业的深层奥秘,也无法体验到研习其中的乐趣。诚然，兴趣至关重要，但我们在高中阶段所表现出的兴趣往往停留在表面层次，尚未掺杂实际利益考量，甚至可能与未来生活关联不大。有时，对某个专业的厌恶可能源于学习过程中的挫败感而非其本质。因此，不必过早地下定论，随着困难的逐一克服和专业知识的日渐深化理解，或许会有全新的认识和发现。

(二) 更新学习方法

步入大学校园后，教学模式发生了显著的转变，从依赖教师引导转向了以学生为核心的自主学习模式。这一变化要求学生同步调整自身学习策略，其对学业成绩的影响不容忽视。然而，大学与中学在学习方法上存在显著差异，许多新生对此转型感到困扰，难以迅速适应。以下将精练阐述大学课堂学习及课外自学应关注的重点问题。

1. 大学课堂如何听课

大学里的学习要注意以下几点。

(1) 提高自主学习的能力。大学教育强调启发式与创新性教学法，故课堂中的学生角色亟须转型，不能再满足于被动地"填鸭式"地接受知识，而应积极培养自主探究、主动求知的"寻猎"能力。因此，听讲的核心应当聚焦于掌握和领悟方法论。

(2) 敢于质疑。大学生应积极思考教师所授内容，勇于挑战，发表个人见解。唯有争鸣，方能推动进步。

2. 大学生如何自学

(1) 拥有自学能力是大学学习成功的关键。大学生在高校中所接受的教育，需要大学生依靠自主学习来完成，学校和教师都不会对大学生的学习给予严格的纪律要求。大学生的自主学习，一方面能够让他们学好本专业的知识，另一方面给予大学生充足的自学时间，让大学生能够按照自己未来的发展学习其他技能。教师在教学过程中主要进行知识的传播，为大学生提供必要的指导，而将这些知识学会，需要大学生依靠自主和自觉来完成。

大学生在学习过程中，需要充分激发自己的学习潜力，做好个人的学习安排，在课堂学习的基础上，通过复习、知识拓展和自主探索等，让自己掌握知识和技能。面对未来的职业发展，大学生还应该通过实践学习、网络学习等方法，让自己学习新的技术和技能，结合学习来确立人生的发展方向。

（2）大学以自学为主的学习活动。大学阶段，学习已不再是对教师授课内容的机械记忆，而是围绕个人学习目标与专业需求主动筛选并汲取有价值的知识。通常而言，大学生的学习生活不再限于课堂，他们还需开展三类关键的自学实践：补充课堂学习的自学活动、独立钻研的创造性活动和相互讨论、相互启发的学习活动。下面分别谈谈这三种以自学为主的学习活动。

其一，补充课堂学习的自学活动。大学课后复习环节尤为重要，并非单纯重读已学习内容，其核心在于深度消化既有知识及提升思维能力。在进行复习时，需关注以下几个关键点。

第一，及时进行复习。依据记忆心理学原理，遗忘进程自学习完成起便迅速启动，并随时间呈加速递减趋势。故欲提升记忆效能，务必趁新材料习得后即刻展开复习，切勿待遗忘初现后再行回顾，以免徒增付出却收获甚微。

第二，复习方式多样化。融合分散与集中复习策略是提升学习效果的有效途径。故课后宜趁热打铁，及时复习当日所学内容，并将每日复习与每周阶段性复习相结合，同时亦可将短期的逐步复习与长期的月度或学期复习相结合。

在复习文字资料时，可采用阅读与回忆互动法以增强记忆。具体操作为：首先尝试回忆已学内容，随后基于回忆再次阅读，如此循环往复，直至将学习材料掌握得炉火纯青。

第三，加强练习。应用知识不仅是重温知识的方式，更是深度理解和掌握知识、锤炼技能的关键路径。故在习得新知后，通过书面作业、实地调研、实验操作及社会实践等多元手段进行实践演练，有助于深化理解、拓宽知识领域，并同步提升自身能力。

第四，复习与创新相结合。在复习阶段，不仅需通过多元化的练习与实践来巩固知识，更要积极启发思维，锻炼创新性思考能力。比如，在指导学生解题或进行实践操作时，可巧妙设置多情境、多角度的"变式"问题，促使学生从不同视角寻找解决方案，此举有助于拓宽学生思路并可有效培育其创新能力。

其二，独立钻研的创造性活动。创造性活动并非遥不可及，它其实根植于日常生活之中，点滴改进都能绽放出智慧的光芒，为我们的学习生活注入便捷与活力，这便是创新的体现。同时，创新也涵盖了学习策略、研究方法等学术领域的革新。实现创新并非难事，关键在于勤于思考，养成敏锐观察的习惯。独立探究能力的培养，对提升分析和解决问题的能力至关重要。

其三，相互讨论、相互启发的学习性活动。无论课内课外，启发性讨论都是达成明智决策的有效途径。孔子曾言："三人行，必有我师焉。"他人分享的经验与观点，实为学习智慧的结晶，倾听多方心得定能激发出新的灵感与洞见。

在上述三种自学活动中，大学生尤其需要在学习方法选择上展现自主性。前人提炼了许多有价值的学习策略，如"三到四边"法则（心到、眼到、手到，结合看、批、划、写），以及结构化学习法、对比学习法等，不一而足。然而，个体差异决定了并非所有方法都具有普适性，每个人都应探寻并确立适合自身特点的学习方式，从而开创一条个性化学习路径。优化学习方法时，以下两点尤为重要。

首先，衡量学习方法的价值在于其能否提升学习效率，实现有效吸收知识的目标。寻求最适合个人的学习策略，关键在于该方法是否能切实增强其学习效能。

其次，学习方法的选择应具有个体针对性。他人适用的方法未必适用于自己，因为不同年级、不同专业甚至不同学生的最优学习方式都可能存在差异。因此，每位学生都应立足于自身实际情况，如学习目标、任务、兴趣和爱好等因素，甄选并采用最适合自己的学习方法。

二、大学生自我关怀能力培养

大学生自我关怀能力，主要是从心理、情感和行动方面对自己形成关照的能力。自我关怀是对他人关怀的对应面，是促进自我发展和自我管理的重要方式。生活中我们常常做的就是关怀他人，通过察言观色确认他人知情意行上是否存在异常，即根据他人的认知观念、情绪情感、思维模式、行为表现是否与他平时有差别，来确定他近期的状态是否平稳，并根据他人状态的不同做出不同的反应，提供情感、物质上不同的帮助。但很多人难以做到自我关怀，主要原因在于许多人无法实现自我观察，难以发现自身出现的问题和缺点。当个人的心理和情绪出现波动时，许多人意识不到问题的根本原因，因而做不到自我关怀。因此，大学生自我关怀的培养，需要让大学生形成对自己言行、心理状态和情绪的观察和注意，能够在他人的参照下找到自身出现的问题，并采用各种方法进行自我照顾。

（一）大学生进行自我关怀的必要性

自我关怀是让个人保持生活健康和心理健康的重要方法，可以提高生命的质量。自我关怀的主要作用是让人实现个人自觉，从而提高了自我认知能力，在出现了心理上和生活上的变化时能及时发现风险，及时补救。

自我关怀是大学生提高自我认识、实现自我提高的方法。大学生的自我关怀是一个不断认识自我的过程，能够帮助大学生促进个体意识的形成，从多个方面做出自我剖析。通过提高自我认识，大学生能为以后的生活和人生理想的树立创造条件，能够结合自己的需求实现自我提升。

自我关怀有利于大学生处理好个人与他人的关系。大学生自我关怀能力的成长，可以让大学生增强独立意识，理性地看待自己和他人，也会在与他人的交往过程中做到自尊、自爱，并通过自我关怀来关心和帮助别人。

(二) 大学生自我关怀的方法

1. 从知识中汲取力量

大学生提高自我关怀能力，主要通过知识、经验的积累来实现。大学生许多问题的形成都源于缺少更多的知识，也源于对社会环境缺乏适应能力。在出现心理问题时，有些大学生难以明白自己出现问题的原因，缺乏应对各类问题和压力的解决办法。同时，许多大学生出现心理问题也源于自己处理问题和解决问题的能力不足，以致对人生的发展失去了信心。因此，大学生需要通过学习来提高自我效能，让自己拥有自我关怀的能力。

(1) 心理健康知识的学习。如果大学生欠缺心理健康知识，就会在面临心理问题时无所适从，既缺少进行心理调节的方法，也缺少寻求他人帮助的能力。很多轻微问题的出现难以被大学生注意，也会演化为更为严重的问题。大学生通过学习相关的心理健康知识，发现自我、悦纳自我、实现自我，在健全人格的过程中学会人际交往、提升爱的能力、积极调适情绪，在不同的情境下觉察出自己的痛苦、愤怒、忧伤、恐惧，清楚地认识到自己情绪状态的问题，并积极地去解决，进行自我关怀。

(2) 专业知识的学习。许多大学生在面对未来的就业和人生发展问题时，通常会充满焦虑，这成为许多大学生产生心理问题的根源所在。大学生自我关怀能力的成长，需要大学生产生自我效能，为未来的人生发展做好规划。大学生还需要通过学习专业知识，提高自己适应社会的能力，收获更强的自信心。

2. 社会支持系统

大学生自我关怀能力的增长，也在于外部环境对大学生的帮助作用。高校形成的校园环境、大学生的家庭环境和外部的社会环境，都应该在大学生成长过程中提供必要的帮助。通过社会支持系统的建立，让大学生在良好的人际关系下成长，借助他人的帮助来实现自我关怀。

（1）家庭的支持。大学生在家庭中的生活状态和与家人建立的关系，对于其心理健康状态会产生重要影响。父母对孩子的关怀对于其健康成长有着重要作用。当大学生面对压力和困难时，要得到父母的帮助和关心；而父母要对自己的孩子形成尊重，了解孩子的感受。

（2）朋辈的帮扶。大学生在校园生活中，最常接触的人群就是同学。大学生要在生活中与同学建立朋友关系，以在遇到问题时能够得到朋友的关怀和帮助。通过和朋友间的共同活动，分享彼此的观点和看法，往往能产生意想不到的疗愈效果。

（3）教师的帮助。高校中的教师和辅导员有责任为大学生的健康成长提供各方面的帮助，尤其是在大学生心理方面要给予关怀，并提供心理健康教育和心理咨询服务。高校的辅导员和心理教师应该投入更多的精力关心大学生的心理健康，通过为其生活、心理方面提供帮助，提高大学生自我关怀的能力。

（4）专业心理咨询的支持。在现代社会生活中，每个人都可能遇到一些心理问题，而寻求心理医师的帮助，也成为正常生活的一部分。大学生需要正确看待心理咨询，在出现了个人无法排解的心理压力时，可寻求心理咨询师的帮助。当前，许多高校在关注大学生心理健康的工作中，积极组建了心理咨询团队并建立了高校心理中心，专门为大学生提供帮助。在面对大学生个人和教师均难以解决的问题时，寻求心理咨询是一种非常有效的方法。

3. 兴趣爱好多元化

大学生培养自己的兴趣爱好，让自己投身于多项健康活动，对于心理健康和自我关怀具有很大的帮助。兴趣爱好是一种生活方式和心理放松方式，也是生活中不可缺少的一部分。投身于兴趣爱好当中，能够让大学生释放在学业、工作方面的压力，转移自己的注意力，使情绪得到释放，更可以让生活更加丰富。当前的校园生活和社会生活，能够从各个方面满足人们的多元兴趣，大学生可以凭借自己的喜好和能力做出选择。例如，投身户外运动、文化旅游活动，促进身心健康的同步发展；培养手工艺、创意活动、收集活动等小众爱好，提高个人的生活情趣等，都是进行自我关怀的有效方式。

三、大学生能力的自我培养

(一) 培养自制力

自制力是人生的方向舵，只有能控制自己的人，才能使人生之舟成功避开暗礁和险滩，掌握自己的命运。一个人一旦失去了自制力，便可能误入歧途，导致一生的遗憾。实验科学家通过大量实证研究证明，一个人从小自制力越强，长大后取得的成就越大。因此，大学生自我能力的培养，主要以提高自制力为前提，要能够合理控制自己的生活，并为人生发展做好规划。大学生个人能力的成长需要通过学习知识技能和积累实践经验来实现，要求大学生不仅仅在上课时间学习，还需要利用好自己的课余时间，提高自己的能力。大学生已经具备了自我学习的心智，但往往疏于对自己的管理和约束，导致错过了学习的最佳时机。为此，高校要着重培养大学生的自我管理能力，要让大学生从认识上明确自制力对于个人发展的作用；要让大学生锻炼出刻苦学习、努力提高自我的意识品质，在言行、情绪上提高自我控制力。

(二) 实现个人与环境的协调

个人在成长过程中，始终需要在外部的大环境下产生适应能力，其中包括适应社会环境、建立合格的人际关系、适应自己所从事的各项工作等能力。大学生作为个体，需要在学校集体环境中成长、学习和生活，并逐步融入社会环境当中。大学生在现代社会中的成才过程，一方面要具有独立的人格，实现个性化发展；另一方面应产生社会适应力，能够应对外部环境的挑战，从外部环境中获得成长的能量。因此，大学生需要在学习和生活中，提高对校园环境及社会环境的适应能力。一是在校园生活中，要快速适应宿舍的生活方式，融入班级、社团和各类集体活动中。二是要形成自我管理能力，充分利用学校的资源开展自主学习，在学习过程中与教师和同学保持合作关系。三是提高在生活中的自我管理能力，要合理安排自己的生活，制订学习计划，协调学习、社会活动和个人娱乐生活之间的关系。要进行自我照顾，关爱自身的身体健康和心理健康，养成良好的作息习惯。自我管理能力和环境适应力的养成，是大学生未来在经济上、心理上实现独立的条件，是大学生走向社会、参与社会职业的基础要素。

(三) 内驱力与外驱力相结合

从哲学上看，事物发展的动力是矛盾。内因是事物变化发展的根据，外因是事物变化发展的条件，内因的作用不能脱离外因而存在，外因必须通过内因起作用。个人自我能力的成长，也主要依靠内驱力和外驱力的协同作用。内驱力源于个人的性格、喜好、能力等因素，在外驱力的作用下可以转化为实现个人发展的动力。虽然大学生的成长主要依靠内驱力产生作用，但外部的环境因素会在个人身上产生不同的效用，形成不同的结果。许多大学生会因为积极的外部动力而激发内在动力，使自己把握学习的条件和机遇，实现个人能力的快速发展。有些大学生则受到负面的外部环境影响，使不合理的需要得到满足，让内驱力产生的作用出现了偏离。

因此，大学生在成长过程中需要内驱力与外驱力相互作用，才能将学习能力激发出来。大学生的学习也需要得到良好的回报，其中包括外部环境的激励和自我激励。内外驱动作用产生的相互作用，能够激发学生学习的自主性，使积极性得到提升。教师需要通过教学活动和对大学生的帮助，让大学生完成自我培养，按照自己的未来职业理想形成自我提升计划，在内心中形成自我奋斗的动机。

第二节 大学生交际能力培养

一、大学生的人际关系概述

大学生的人际关系是围绕其在高等教育环境下的学习和生活建立起来的，其特点主要有个体性、集体性、直接性等。受到大学生生活环境和活动范围的限制，大学生的人际关系也具有局限性，通常以能够产生学习和生活关系的教师和同学为主。在大学生借助社会实践和网络接触社会环境的过程中，也会在一定程度上建立外部的人际关系。

人际关系的形成，主要来自人与人之间的沟通，在接触和沟通过程中，人与人会因为多种原因构建更加紧密的关系，包括爱情关系、合作关系、互相帮助的关系等。人际关系具有情感属性，来自个人对他人产生的直观感觉和心理感受，如果个人对他人关系的建立产生更愉快的体验，则会深化人际关系。

二、大学人际关系的心理效应

（一）首因效应

首因效应通常被人们称为"第一印象"，主要是彼此陌生的人之间首次接触时，会通过第一印象做出判断。在以后的人际交往过程中，首因效应产生的心理作用依然是十分强烈的，会让人们对交往对象产生一定的评价——尽管很多时候这种评价是片面的甚至是错误的——也会影响人际关系的形成。随着人们交往的深入，双方通过交流和互动会产生更加准确的判断，会让人们做出继续交往和中断交往的判断。大学生在进行人际交往时，在首因效应方面一般具有得天独厚的优势：通常大学生的仪态、穿着、谈吐、举止、表情等外在行为因素更能够被大众所接受与欣赏，更倾向于给对方留下好的第一印象，进而促进建立良好的人际关系。

（二）近因效应

近因效应主要是指人们在进行交往的过程中，会按照新获取的信息做出交往活动的判断，新信息往往比原始信息产生的影响更大。近因效应的作用效果与因素出现的时间有关，是事物出现顺序影响的结果。人际关系形成过程中，交往的双方都会通过交流互动产生更多的新信息，这些新的信息能够促进人们对交往对象产生新的印象，从而覆盖掉原有的印象。大学生在处理人际关系过程中，应围绕个人的进步情况，给周围的人带去新的印象，让其他人感知到自己的成长，这样更有利于建立更广泛的人际关系。

（三）晕轮效应

晕轮效应主要是人们在对他人做出感知和评价时，往往会因为最为显著的特征对他人印象产生扩散，从而使主观因素的作用被不断放大，个人身上存在的一些特点也会在人际关系中不断扩散。这种效应容易让人们对一个人产生偏见，形成标签化、片面化和刻板性质的主观判断，不利于人与人之间的深入交流。同时，由于晕轮效应的存在，一个人身上存在的优点也可能会被不断扩大，从而遮盖了其存在的许多缺点，对于个体来说，实质上有利于其快速融入新的环境，取得其他人的信任。

大学阶段为个体心理特征变化较为明显的一个时期。大学生刚刚成年，其成人感增强，但又未完全脱离稚气。此时，他们开始学着冷静客观地看待事物，但在实际处理特定事件时往往会过度地执着于自己的观点，形成不理智的判断。

晕轮效应对大学生心理状态的影响较为显著，表现在思想、生活、学习和工作的方方面面，这种泛化对大学生的处事行为会产生或好或坏的影响。

大学生在人际关系建立的过程中，应尽量避免晕轮效应影响自己对他人的判断，重要的是不能对他人形成刻板的偏见，其中既要避免因他人的一些缺陷而全面对别人产生厌恶，还要避免因他人存在的一些明显优势而将对方看成一个完美的人。例如，大学生要避免出现以貌取人的问题；要避免因晕轮效应对他人产生过度信任或过度猜疑的问题，以免在社会关系中受到欺骗。同时，大学生在成长过程中，应不断丰富自己的认识水平、社会经验，要形成辩证看待事物的能力，坚持辩证唯物的思想方法。在做到见多识广的前提下，让自己走出晕轮效应的误区。

(四) 投射效应

投射效应是指人们会将自身存在的一些特征投射到交往对象上，从而错误地认为别人也具有这些特征的心理效应。这种效应实际上属于一类认知心理障碍，在人际交往过程中往往会带来许多隐患。例如，许多父母在与孩子相处的过程中，会错误地将自己的喜好、优点、追求目标等投射在孩子身上，却没有真正地关心孩子的个性情况，这往往会在与孩子相处时给孩子带来许多压力。大学生在交往过程中，由于对他人缺少关注和了解，也会产生许多投射效应，例如，错误地认为别人与自己有共同的生活习惯，导致室友关系紧张等。基于这一问题，大学就应该在人际交往时，多从别人的角度着想，尊重他人，多了解和关心他人，这样才能找出正确的相处方式。

三、建立良好人际关系的相处艺术

(一) 同学关系相处的艺术

第一，学会平等交往。每个人都拥有独立人格、尊严以及法定的权利与义务,人与人交往的本质是平等。若在互动中流露出傲慢、霸道或颐指气使,将迅速导致自我孤立。

第二,学会尊重他人。每个人都期待在各种情境中受到尊重,尊重能激发信任与真诚的情感,拉近人际的心理距离。

第三,学会真诚待人。真诚是人际沟通的关键,唯有真诚对待他人,才能建立稳固的信任,并深化友谊。践行真诚,意味着无私关怀、真诚援助他人而不图回报,同时诚恳指出朋友的不足之处。

第四,学会互助互利。人际关系能否持久,取决于双方需求是否得到满足。因此,交往中应遵循互助互惠原则,即在对方需要时,尽己所能提供帮助。

第五,学会践诺守信。信用是个人成功的重要基石,也是中华民族悠久的传统美德。在人际交往中,大学生应恪守信用原则,讲真话,言出必行,行则必果,对于承诺之事,无论多艰难,都要竭尽全力去实现。

第六,学会宽容大度。在人际交往中,误解与矛盾难以避免,尤其对于个性鲜明且频繁互动的大学生群体更是如此。因此,大学生在交际中应具备宽容大度的精神,以谦逊包容代替锱铢必较,以理智忍让代替针锋相对;对待他人言行,应有不拘小节的豁达,勇于承担自身行为的责任,力求达到"宰相肚里能撑船"的境界。

(二) 师生关系相处的艺术

1. 大学生与任课教师的相处

在大学中,师生互动的核心平台是课堂教学,一门门课程构筑了两者间的关系。教师授课并不拘泥于课本,而是常常在一堂课内融汇多本书的知识精华,使得课堂内容充实且多元。

会学习的学生应懂得高效利用课堂时光,充分汲取教师传授的知识养分。面对不解之处或对教师讲解内容有疑问,可灵活运用课间休息及课后时段,采取面对面交流或借助电子邮件、微信、QQ等方式向教师求教，教师通常会悉心解答。

大学教育不应局限于教材和理论知识，更需积极寻求实践应用场景以锻炼自身能力。因此，大学生应主动投身于教师的各项科研项目，将所学付诸实践。

2. 大学生与辅导员的交往

辅导员，如同大学生在校期间的同行者，往往由刚走出大学校门的毕业生担任，兼具教师与同龄伙伴的角色。这样的身份使得他们与大学生群体间能建立起更为顺畅、高效的沟通桥梁。

(1) 与辅导员管理职责范围内的交往。辅导员作为学生与校方、院系之间的桥梁，扮演着大学生生活中的关键指导者和直接管理者的角色，其影响力不容忽视。

对于班级干部、系级乃至院级学生会干部成员而言，积极与辅导员交流至关重要。鉴于辅导员深谙学生管理工作之道，且不少人在大学时期亦曾亲身参与学生活动，故此，学生干部与辅导员沟通不仅能汲取经验以提升自身的管理效能，还能强化双方关系，增进情感互动。

而对于广大学生，若需了解奖学金评定细则、报名参加校园活动、申请各类资助，抑或面临困难急需援助，与辅导员面对面交谈往往是获取准确信息和有效支持的最佳途径。

(2) 与辅导员管理职责范围外的交往。这种交往体验与课余时间与教师的互动相仿，源于辅导员同样是教师，只是教育方式与内容有所差异。然而，正因如此，辅导员相较于常规授课教师，更显生活气息，更贴近大学生的生活。

换一个角度来看，辅导员更像是大学生身边的朋友。在与辅导员相处，特别是在其职责之外的交流中，大学生应以对待朋友的态度来建立关系。建议大学生积极主动地与辅导员沟通，平时可多走访辅导员办公室，与其畅谈，协助处理一些力所能及的事情，邀请他们参与自己策划的活动，甚至一同庆祝生日，以此加深彼此的理解与情感联系。

（三）与社会人员的交往

随着高校扩招及就业压力加剧，当今大学生已无法安享"象牙塔"中的优越地位而故步自封。现实环境敦促他们必须尽早融入社会，积极主动地为自己开辟更多机遇。

1. 人际关系就是机会

古语有云："近朱者赤，近墨者黑。"此言深刻揭示了择友对个人成长的重大影响。朋友的力量无形而深远，足以塑造一个人的人生轨迹。

对于大学生而言，社交不应以数量取胜，在与社会人士交往时尤须审慎择友。"不慎交友，祸始于此"，不少青少年误入歧途，究其根源，往往在于未能辨别良莠，滥交损友。大学生提早步入社会，旨在锤炼自身能力，故而在与社会人士互动之时，务必保持清醒，宁缺毋滥。

在与社会人士交往的过程中，既要善于借鉴他人的智慧，更要学会将书本理论融入现实生活，实现学以致用的转化。这既是深化学习的重要步骤，亦是学习过程的核心所在。同时，能从人际交往中洞察世事、汲取知识，更是一种珍贵的学习能力，同样是对"知识"的有力诠释。

2. 与社会人员交往的原则

尽管大学生与社会人员的交往有助于自身的成长，但社会毕竟不像大学校园那样简单，社会人员也不像大学生那样单纯。大学生与社会人员交往，需要注意以下几点。

（1）要有自信。当大学生步入社会之际，部分人难免信心不足，举步维艰。诚然，初入社会的大学生或许会显得稚嫩生疏，需从零开始积累经验，但大学生应坚信自身的价值，大学生具备的素质与学习能力，并不逊于社会上的职场人士，所欠缺的仅仅是实践经验罢了。

（2）坚持本色，学会说"不"。大学生应始终保持清醒的认知，坚守学生的本分和作为大学生应有的底线。尽管社会人士的活动往往带有明显的趋利性，但大学生的价值追求不应局限于物质利益。否则，他们将面临步入认知误区的风险。

（3）要谦逊、大方。谦逊意味着适度内敛锐气，避免过度彰显自我，以求知若渴的心态与他人互动。尽管身边的伙伴或许不具备同等学力，或在专业知识上不及你，但他们的社会经验和人生阅历却可能远超于你，而这正是你需要填补的知识空白，应当虚心学习。然而，谦逊并不等同于盲从或缺乏独立见解，尤其在面对未知和不熟悉的事物时，更应勇于表达、积极探讨，借由人际交流拓宽视野，增进理解。

（4）要懂得利用"大学生"的身份。此处并非倡导大学生以自身身份作为夸耀或自满的资本，而是强调在某些棘手场合，可巧妙运用大学生身份以避免不必要的困扰。例如，当大学生参与入户调查时，他们可在初期即明确表明身份，从而迅速获取受访者的信任与配合。

（5）有一定的警惕性，注意自我保护。大学生活洋溢着纯真与理想主义色彩，涉世未深的学子们易将身边的人和事过于理想化。现实中，不乏有人为达目的而不惜一切手段。因此，大学生需锤炼辨别能力，警惕潜在骗局，铭记"天下没有免费的午餐"这一警讯，以防受骗。

第三节　大学生管理能力培养

一、大学生自我管理的关键要素

大学生在成长过程中，会受到许多因素的影响，在自我管理时也需要进行心理、自我学习、生活等方面的管理。

(一) 学习管理

高校是围绕学科发展，培养研究型人才的教育阵地。大学生在学校中的主要任务是学习，并且需要大学生能够自主性学习。高校各个学科所学习的知识较为复杂，也具有一定的挑战性，关系到大学生未来的发展。同时，高校在教学模式上也与中小学存在很大的差异。从中小学九年一贯制师生关系、同学关系、课程关系、场景环境中转型，脱离传统上固定教师、固定同学、固定课程、固定场地的班级授课模式，且缺乏家长的必要监督，学生必须学会结合自身的学习特点，制订明晰的学习计划，厘清专业人才培养方案所列课程类型、学分设定、考核形式等基本信息和各种课程先修后继关系。养成提前预习与课后及时复习巩固的良好习惯。大学生的学习管理，需要从元认知等方面认识到自身的学习心理和学习条件，结合自己的学习做好学习资源管理和学习计划。在学习过程中，要充分利用好课堂和课外时间进行学习。同时，大学生也需要对学习目标和学习成果做好评价。

(二) 生活管理

高校在大学生日常生活方面不会进行过多的管理，需要大学生做好自我管理。生活管理主要包括个人的作息规律、日常生活方式和个人健康等方面的管理，关系到大学生个人能否形成健康的生活，对个人的精神面貌和生活习惯养成有着重要影响。

长久坚持形成习惯则有益身心，可直接或间接促进学习，形成个人发展的良性循环；反之则有害身心，影响学习。大学生日常生活中主要是以宿舍为活动中心形成集体生活，这需要大学生在个人生活上处理好与其他人的关系。大学生的个人生活首先不会影响到他人，不会侵害到其他人的权利。其次，在集体生活中能够具有与他人交流、合作、沟通的能力，从而构建良好的人际关系。处理好同学关系、舍友关系，对于大学生以后适应社会具有十分重要的意义。

(三) 情绪管理

情绪是影响行为的有机体的一种情感或行为状态，有时更是一种情感或行为反应，它发生在特定的情境之中。

情绪是人们面对自身心理状况和外部情况时产生的重要心理表达符号。在个人生活和人际关系形成过程中，情绪能够表达出十分复杂的内容，也会直接影响到其他人的感受。大学生要想养成健康的心理状态，就需要做好个人的情绪管理，即能够对个人情绪的表达进行控制，不会出现过激和过于夸张的情绪释放。如果大学生的心理处于不健康状态，也很难做好情绪上的管理。情绪管理的内容包括能处理好生活和学习中的压力，能够用合适的方法来抒发自己的情绪。大学生在大学里面对繁重学业与相对复杂的人际关系，需要独立处理与协调，应在与朝夕相处的宿舍同学以及长期相处的班级同学相处时保持良好的积极情绪，包容他人的缺点和不足，乐于助人，这样能带给自己良好的情绪体验，赢得同学的喜爱与尊重。反之则容易造成人际关系紧张，给学习与生活、参与集体活动等带来极大的破坏作用。

(四) 行动管理

"知是行之始，行是知之成"。大学生自我管理成功与否离不开自己的实际行动，行动管理是自我管理的最后一环也是最重要的一环。

学习、生活、思想、情绪、情感管理目标设置得再科学精细，方法与手段策划得再全面周密，如果缺乏良好的自我执行能力终究停留在纸上谈兵，不会对自我管理的实现产生任何实质性的推动。大学生在思维上和思想上都比较灵活，容易产生对未来的许多畅想，但缺点是行动能力不足，这就导致其想法难以实现，办事虎头蛇尾。因此，大学生的行动管理，需要大学生具有脚踏实地的心态，并积极参加学校和社会的实践活动，通过实际行动锻炼自己的能力。同时，大学生要避免想法和言语上的空洞、夸张，坚持言行一致、知行合一的人生态度。

(五) 网络管理

1. 网络的优势

当前，在信息技术的带动下，网络已经向社会各个领域覆盖，也深入校园当中。大学生在学习和生活中的许多行动都与网络联系在了一起，电脑、手机等早已成为大学生日常必备的工具。网络无论是对于高校的教学管理，还是对大学生的个人生活，都带来了积极的作用。首先，网络当中拥有大量的信息资源，能够成为大学生了解世界、获取学习资料的重要途径，让大学生的信息素养得到提升。其次，高校各个学科和教师也借助网络渠道，加快了教学方法的改革，通过推出网络课程、微课、网络化信息管理等方式，提高了教学效率和质量。再次，借助网络平台，高校也能够深入开展信息资源建设，为全校师生创造学习、科研的新环境。最后，网络丰富了大学生的生活，在大学生日常娱乐、社会交际等方面创造了新的平台。许多大学生社会关系的构建，包括未来职业的发展，都是在网络中进行的。

然而，不合理地使用网络也会对大学生群体带来诸多负面影响。首先，过度依赖网络可能导致大学生在现实人际交往中逐渐疏离，削弱其社交能力。其次，过度沉浸在网络世界中，易引发并加剧焦虑、浮躁等不良情绪。大学生若过度沉迷网络，减少了面对面的人性化交流和积极情绪的互动，生活节奏紊乱，正常的社交沟通能力也随之退化，这无疑会增加他们陷入焦虑和浮躁的风险。再次，过度沉溺网络可能滋生较为严重的情感困扰。部分大学生因过于热衷网络而忽视现实社交，遇到情感问题时不愿向他人倾诉，久而久之，这些心理压力可能会演化为严重的心理障碍，威胁到他们的日常生活秩序。最后，极度的网络沉迷会对大学生的身心健康构成实质性的损害。严重的网络成瘾行为不仅可能导致一系列重大的心理问题，甚至可能促使个体产生自我伤害或对他人的攻击性倾向，从而对身心造成不可忽视的危害。

2. 网络的劣势

（1）大学生"网络成瘾"的危害。"网络成瘾"在大学生群体当中普遍存在，已经成为大学生出现心理问题的重要因素。出现网络成瘾的大学生，会对网络产生心理上的依赖，在网络中寻求情绪抒发、人际交往和娱乐生活等。由于网络成瘾，大学生会因为过度沉迷于网络而忽视现实中的生活、学习，并且对现实环境产生不适应甚至厌倦情感。如果大学生网络成瘾时间过长，就会产生抑郁、消极、焦虑等心理问题，同时，大学生在现实生活中的亲人、同学关系也会变淡，使大学生产生孤独感。

（2）大学生"网络成瘾"的原因。第一，网络能满足大学生探索未知，实现自我的需要。大学生都具有很强的求知欲望，在生活中接触的各类事物都会对大学生的学习和成长产生影响。网络中的学习资源十分丰富，但信息也十分复杂，有些信息具有虚假性、夸张性、片面性，也容易被大学生吸收，不良的信息和价值观容易导致大学生在心理上、价值观上出现问题。

第二，网络能满足大学生宣泄情绪、逃避现实的需要。一些大学生沉迷于网络，在于他们在现实的大学生活中存在许多压力，包括学业、就业、家庭和个人等方面。网络成瘾的根本原因在于这些大学生认为网络是逃避现实的环境，从主观上不愿意面对现实问题。同时，网络中丰富的娱乐资源，也会让大学生产生依赖性。

第三，网络能满足大学生寻求满足、猎奇刺激的需要。众多大学生热衷于探索更新鲜、更刺激的生活体验，而互联网的持续发展与深度开发恰好迎合了他们这一内在需求。

3. 防治大学生"网络成瘾"

大学生网络成瘾的产生，本质上是在心理上对网络产生的依赖，使网络成为其生活中的主要部分。解决大学生网络成瘾问题，关键在于解决大学生出现的心理问题，要以预防为主，对大学生开展心理健康教育，提供心理咨询服务。首先，高校教师、辅导员和学生组织应该关心大学生的心理健康，对大学生做好心理调查测验，要提供给大学生良好的心理咨询环境。对于许多心理问题，要做好预防。其次，要加强对大学生的网络心理教育，引导大学生正确使用网络。最后，充实并科学规划校园文化活动，合理引导大学生课余生活，避免因生活单调、心理需求得不到满足而过度依赖网络。

二、大学生自我管理的路径选择

在大学生自我管理的路径选择上，必须消除大、中、小学分段式培养造成衔接上的明显断层，特别要做好学生从高中阶段迈入大学阶段的全新转换，外化与内化共同发挥作用，加强适应性教育，引导学生学会自我教育、自我服务、自我监督、自我管理。

(一) 内在协调机制

1. 构建自我教育的内在协调机制

一是思想上能够建立未来发展的理想信念。理想信念是大学生在未来发展过程中形成的导向因素，是大学生期望通过学习和参与就业创业实现的目标，也会为大学生带来行动的动力。大学生的自我管理，应该以树立理想信念为主线，科学地规划未来人生。

二是大学生应在个人行为上为自我管理构建方案。大学生应在学习过程中，对个人的学习计划、生活计划等做出安排。行动方案应包括个人的学习目标、内容和规划，包括个人未来的职业发展规划。要立足于实际情况，建立个人理想，形成对于自我发展的评估。

三是在人际关系上形成促进自我教育的关系机制。大学生在人际交往过程中，要多与有共同志向、共同学习目标的人沟通。这一方面可以产生更多的共同话题，另一方面能够通过交往活动实现信息资源的共享，能够从其他人身上学习到许多关于学习、人生发展的经验。

2. 构建自我监督的内在协调机制

一是通过正确的评估来衡量自主管理的实现程度。在细分阶段性目标基础上与时俱进，借助各类现代信息化工具自我量化考核各时间段自我规定的任务完成情况以及自我监督完成的进度与完成的质量。

二是用中华优秀传统文化进行自我监督管理。优秀传统文化对于个人与社会的发展具有很高的借鉴意义，许多传统哲学观念、人生观念和学习观念中，都凝聚了中华五千年的人生智慧，对于大学生个人成长具有极高的参考价值。例如，知行合一的心学观念、"吾日三省吾身"的自律精神等。

三是通过合理安排课外自习与休息时间促进慎独、慎微、慎始的心性修养。从独处做起，拒绝不良诱惑；从细节做起，防微杜渐；从源头做起，善始善终，善作善成。

3. 构建自我服务的内在协调机制

一是围绕个人的生活形成协调机制。大学生在经济上依然缺乏独立性，需要家庭为其提供生活支出，为此，大学生要建立正确的消费观，避免过度消费。在保障正常生活的同时，注意节省个人开支。

二是按照学校生活的特点来安置个人生活。在学校能够为大学生提供越来越多服务的基础上，大学生也要在生活上实现自我照顾，要积极参加社会实践和日常劳动，注意保持个人卫生，维护宿舍和校园的生活环境。

三是在个人保障方面实现自我服务。大学生在日常生活中应注意安全，关注个人的身心健康，适应学校的生活环境。同时，在接触社会的过程中，也要提高安全、健康和守法意识。

(二) 外在激励机制

1. 构建情感关怀激励机制

一是以教师为主，形成情感激励。高校教师的作用不仅是传播知识，也是通过自己的榜样作用为学生产生言行上的激励。高校教师需要具有渊博的知识和人生智慧，在教学中要体现出个人的魅力，这样才能给学生带来吸引力。同时教师在师生关系中居于主导地位，老师的人格力量和人格魅力是成功教育的重要条件。如果教师在教学过程中传递出平等亲和的仁爱之情，更能让学生"亲其师而信其道"，获得事半功倍的教育效果。

二是通过日常管理形成激励。高校对于学生的日常管理，主要由辅导员负责。辅导员的职责是成为学生日常活动的组织者、管理者，也要成为思想政治教育、学生个人情况的主要负责人。

学校辅导员要在大学生心理健康、思想政治和生活情况方面对大学生提供更多的支持。在工作过程中，辅导员应积极地与自己负责的大学生进行交流，随时关注大学生的学习和生活情况。要积极关心大学生中的弱势群体，帮助他们解决生活上的困难；对于大学生心理健康问题，辅导员应配合学校对大学生心理情况进行深入了解，应具备一定的心理干预能力。

三是学校各级各类教学辅助机构与管理部门在服务与管理中的情感激励。大学生的主要生活都在校园中进行，校园的环境会影响大学生生活和心理上的健康。校园中的食堂、宿舍、超市、图书馆、教学楼等都应实行人性化的管理，以服务大学生为主要使命，给大学生带来生活上的关怀和帮助，能够让大学生产生以校为家的感受。

2. 构建行动指导激励机制

一是定期举办学生自我管理基本理论、基本方法培训。邀请校内外自我管理教育方面经验丰富的专家学者进行普适性的指导，从理念上廓清基本认识，确定自我管理的路径方法。

二是分类举办面向不同年级或不同专业的自我管理技能培训，有的放矢，进行精准滴灌，进一步使大学生掌握学习、生活、思想、情感和情绪管理上的技能策略，增强自我管理的计划与执行能力。

三是学校和学生共同努力，建设健康文明宿舍。大学生在宿舍中需要进行集体生活，大学生很多休息、娱乐和学习活动都以宿舍为中心进行。健康文明的宿舍文化也是校园文化的一部分，对于大学生的生活习惯养成、健康生活养成具有十分重要的作用。宿舍文化也需要同校园精神文化生活结合起来，在师生的共同努力下，推动文明、卫生、健康宿舍的形成。

(三) 协同育人机制

1. 构建内外交互协同育人机制

一是发挥学校育人主渠道作用。学校是人才培养的专门机构，教师是教育学生的专门人员，在学生自我管理的形成机制上离不开教师的言传与身教，切实发挥一线教师在教书育人、科研育人、实践育人等方面的重要作用。各类教辅人员则协同教师发挥管理育人、服务育人、文化育人、组织育人功能，共同构建全员全过程全方位育人体系。

二是重视对大学生的家庭教育。大学生在进入大学学习后，逐渐远离了家庭环境和家人的陪伴，开启独立生活的第一步。但大学生在人生发展、生活教育和生活物资支持方面依然要依靠家庭。因此，大学教育并不能离开家庭教育的协同作用。高校在培养大学生过程中，也需要重视与大学生家庭的联系，要让学生家长能够了解高校的教学情况，并对大学生产生积极的教育作用。

三是发挥社会育人的浸润作用。社会为高校职能的发挥提供了广阔的舞台，也是高校发展的使命所在，更是培养大学生成人成才的宏大一极。高校要积极与社会中的企业、机构合作，为大学生创造参与社会实践的机会。高校的许多教学活动也要以实践教学为主，从基础上重视大学生社会适应力的养成，要组织和带领大学生进入社区、企业、公益机构参与各项活动，从社会中积累实践经验。

2. 构建全员配合协同育人机制

一是加强学校各类课程任课教师之间的配合。打破高校因学分选修制、普遍的多校区办学、轻教学重科研、教师教学科研任务多等多种因素叠加导致的各科教师协同壁垒，避免学生成为承载各门孤立课程知识的"容器"。学校必须创设定期与不定期沟通交流机制，加强各类课程任课教师之间的配合，在最关键的知识与知识衔接问题上不能出现缺位现象。

二是在学校内部构建协同育人机制。高校的育人需要各个机构能够协同配合，为了实现教育的目标而形成合力。围绕高校的办学和育人理念，按照"立德树人""实现大学生全面发展"的教育思想，学校各个部门应加强协同和联系，避免出现各行其是的小部门意识。在为大学生创建良好学习环境和生活服务方面，应在学校领导机构的统一安排下，做好分工协作。管理部门和职能部门要与教育部门保持协调，为大学生的生活和办事提供便利条件。要摒弃过去以"管"为主的方式，形成以"服务"为核心的工作思想。

三是加强学校与校外相关单位之间的配合。随着经济与科技的发展，大学与社会的联系日益加强，大学也由社会的边缘走到中心，开放办学成为高校永葆活力的基本常识。开展校企、校所、校地合作，与企业、研究所（院）、地方企事业单位共建学生实习基地，聘请校外人员来校兼职教学、指导学生学术研究与论文写作、举办学术讲座等，开拓学生视野，增强学生素质能力，提升自我修养。

第四节　大学生实践能力培养

社会实践活动由校方精心组织，教师悉心指导，学生积极参与，涵盖社会调研、义务劳动及志愿服务等多个方面。其核心目标是引导学生深度认知社会、亲身体验社会，并通过实践锤炼意志，激发创新思维模式。此类活动更深层次的价值在于，无形中塑造学生的正确就业观念与明智择业眼光，全面提升其综合素质。投身社会实践的过程，学生不仅能磨砺专业技能，增强竞争力，更能为未来职场生涯的成功奠定坚实基础。

一、大学生社会实践活动的重要作用

实践被视为验证真理的唯一标尺，并在提升个体认知能力上扮演关键角色。当前，在素质教育大力推行的背景下，社会实践已成为不可或缺的教学模式，是对课堂教学的有效拓展。尽管课堂教学能为学生提供丰富的理论知识，但其在促进学生深度内化知识方面还存在局限性。参与社会实践的过程，则能让学生将理论知识付诸实际应用，进而深化对理论的认知和掌握，达成理论与实践的高度融合。具体而言，大学生社会实践活动的核心价值体现在以下方面。

(一) 检验学生对知识的掌握程度

当前社会对应用型人才需求日益增长，大学教育愈加重视对学生实践技能的锤炼。以往的教学模式中，教师主要依赖课后作业与期中、期末考试评估学生对知识的掌握。

然而，在强调动手实践能力的新时代背景下，仅凭作业和考试难以全面衡量学生对知识的实际掌握情况。一个更为精准的评判标准是看学生能否将理论知识成功运用到实际操作中，而这恰恰是课后作业和考试所无法深度触及的领域。实际上，学生的社会实践过程，正是他们将理论知识转化为实践能力的重要历练阶段。因此，社会实践活动成为验证学生知识掌握程度的有效途径。

(二) 弥补课堂教学的不足

一方面，受限于课堂教学时间的局限性，教师难以在短时间内全面传授所有实用的知识点，而社会实践活动恰好能有效拓宽学生的知识视野。在亲身参与实践活动的过程中，学生能更深入广泛地获取知识。另一方面，课堂教育侧重理论讲授，部分艰深的理论知识对学生来说不易理解和记忆，而实践活动能将理论知识生动具象化，使学生在实践中直观感知和领悟理论，从而提升理解力并巩固记忆。

(三) 帮助学生了解社会

大学生终将告别校园，步入社会这一更为纷繁复杂的舞台，此转变往往伴随着心理落差，而社会实践活动正是助力大学生提前洞悉社会万象的关键通道。通过投身各类社会实践活动，学生们得以跨越校园围墙，亲身体验现实社会情境，为顺利过渡到社会生活做充足准备。尤其是一些企业参观与实习项目，能让学生直观了解职场环境及岗位所需的能力素质，从而引导他们树立科学合理的就业观念。

(四) 培养学生的团队协作能力

社会实践活动对大学生具有多重价值，不仅有助于他们提前洞悉社会动态，将理论知识付诸实践，锤炼自身技能，更能在实践中悄然提升团队协作能力。以社会调研活动为例，学生常需组建团队，共同分发和回收问卷，继而展开讨论会议，并合力完成调研报告。在这个过程中，团队成员间的互助合作无形中强化了他们的团队协作精神。鉴于职场环境中员工间的沟通与协作至关重要，大学生通过提升此类能力，方能更好地适应未来的工作环境。

二、大学生参加实践活动的类型

(一) 学校社团活动

1. 参加社团活动的益处

首先,参与社团活动是锤炼自身组织协调、沟通表达等多元能力的有效途径。即使起初只是处理些微不足道的琐事,但随着时间推移,会发现自我的悄然蜕变,且每次职务转换都伴随着能力的跃升,这已成为众多学生干部的共识。

其次,企业在招聘应届毕业生时,格外重视其在校园期间的社会实践活动经验。

2. 学校社团组织的类型

随着学生自我管理能力的提升和个性展现需求的增长,高校中涌现出各式各样的学生组织。这些组织主要由团委、学生会、科技协会等各类兴趣协会构成,而为了更有效地整合并管理各类社团,许多高校还专门设立了社团联合会。

(二) 与大学生就业创业相关的社会活动

1. "挑战杯"全国大学生课外学术科技作品竞赛

"挑战杯"作为全国大学生系列科技学术竞赛的璀璨明珠,其全称为"挑战杯"全国大学生科技学术创新竞赛。这项由共青团中央、中国科学技术协会、中华人民共和国教育部、中华全国学生联合会携手举办,并得到举办地人民政府鼎力支持的重大赛事,涵盖了两个相互辉映的核心板块:一是"挑战杯"中国大学生创业蓝图竞赛,二是"挑战杯"全国大学生课外学术科技作品竞技。这两大子赛事如同科技创新创业领域中,中国大学生的"奥林匹克盛会",以两年一届的交替节奏盛大举行,深受全国大学生群体的热烈关注与积极参与,已然成为中国最具影响力、权威性、示范作用及价值导向的大学生顶级赛事。

"挑战杯"全国大学生课外学术科技作品竞赛已成功构筑一套严谨完善的

三级选拔机制，从校园到省域直至全国层层递进。参赛学子首先需在校内及省内选拔赛中脱颖而出，只有那些展现出卓越品质与创新精神的作品，才有望获得推荐进入全国总决赛的机会。该竞赛的组委会汇聚了主办单位、承办单位、发起高校高层领导以及主流新闻媒体的代表人物，他们肩负着制定与修订竞赛章程等重大决策的重任。而在竞赛前期的筹备阶段，承办单位在主办单位的精心指导下，全力以赴开展各项组织工作，并在总决赛启幕之前，及时向组委会汇报筹备工作的详细进展与成效。

历经不断发展，参赛作品无论在科学性、先进性还是创新性上都有显著提升，且逐渐从纯学术研究拓展至聚焦解决生产和生活实际问题，以及关注经济社会发展的现实课题。

2. 中国青年志愿者协会

中国青年志愿者协会（CYVA）诞生于1994年12月5日，是由热心投身社会公益与社会保障事业的青年精英组成的全国性非营利社团，在共青团中央的指导下运作。CYVA聚合了全国各地及各专业、行业的青年志愿者组织和个人，同时也是全国青联的团体会员和联合国国际志愿服务协调委员会（CCIVS）的联席会员。CYVA致力于策划并引领全国范围内的志愿服务行动，以服务社会、推动精神文明建设、助力市场经济体制完善，并通过提升青年综合素质，为我国社会经济的均衡发展与全面进步贡献力量。协会始终坚持在宪法与法律框架内运作，秉承"奉献、友爱、互助、进步"的核心价值理念。

协会的核心使命在于营造积极向上的社会风尚与和谐的人际关系，为社会主义市场经济的稳健发展奠定坚实的社会基础。为了响应市场经济体制的需求，协会积极推动构建并完善青年志愿服务网络及多元化社会保障机制。通过培养青年的公民责任感、无私奉献精神与高效服务能力，助力青年全面发展。协会广泛动员志愿者投身于城乡建设、社区发展、扶贫帮困、应急救援以及各类大型公益活动，同时关注并服务于社会中面临特殊困难与需求的群体。协会精心策划并组织实施全国性青年志愿服务项目，有效协调各地、各类型青年志愿者团队的行动，确保工作的高效有序。此外，协会还致力于提升志愿者的专业素养，定期举办培训活动，并积极开展与国内外志愿者组织和团体的交流合作，共同推动全球志愿服务事业的进步与发展。CYVA 由团体会员和个人会员组成。

3. 大学生科技竞赛活动

从 1994 年起，我国在各大高校启动了两项重要的科技竞赛——全国大学生数学建模竞赛与全国大学生电子设计竞赛，以推动科技创新与人才培养。

全国大学生数学建模竞赛每年定期举行，由教育部高等教育司携手中国工业与应用数学学会共同主办，清华大学数学系承办组委会秘书处工作，负责赛事的具体组织与实施。而电子设计竞赛则由教育部高等教育司联袂信息产业部人事教育司每两年交替主办，其中单数年为国家级竞赛，由信息产业部人事教育司统筹，北京理工大学电子工程系承担组委会秘书处职责；双数年则由各省市及高校自主举办地区级竞赛。两项竞赛均采用统一竞赛、逐级评审的模式，设立省级和国家级奖项。竞赛评判标准着重于设计方案的科学性、模型构建的创新性、结论的准确性以及报告表述的清晰度，旨在全方位提升学生的知识结构、实践能力与综合素质，同时也为优秀学子提供了施展才华的舞台。

三、其他社会实践活动

(一) 知识型社会实践

知识型社会实践是指运用自身所掌握的知识与技能换取报酬、拓宽视野的过程。其中，以家教为主要形式参与此类实践的学生最为广泛。

(二) 劳动型社会实践

商品配送、市场调查、广告投放等社会实践项目为劳动型社会实践，虽以短期且较为艰苦的工作为主，却能提供书本之外的丰富的学习体验。参与此类活动需具备耐心与毅力，还会遭遇人际交往中的摩擦，这些挑战恰恰是锻炼和提升沟通等软实力的重要契机。

(三) 特长型社会实践

特长型社会实践无须特定专业知识背景，但需具备一定的先天优势，如出众的容貌、优美的体态和高雅的气质，迎宾礼仪、婚纱模特等行业便是典型代表。

(四) 研究型社会实践

研究性社会实践主要涵盖两种形式：一是基于个人兴趣的研究探索，二是依托学校基金项目的科研实践。两类实践均需投入相当的时间、资金及精力，且往往超出了个体独立完成的能力范畴，故通常会组建团队，团队规模可大可小，从数人至十几人均可，而研究表明，3～5人的小组能实现最高的工作效率。对于课题覆盖面较广的情况，可将其细分并分配给多个小组协同合作，共同达成目标。

第六章　大学生就业程序培训

第一节　大学生就业程序教育

一、就业途径

大学生在毕业之后，通常需要用就业的方式参与社会中的劳动实践，并通过就业来实现个人的独立自主，实现人生理想。在市场经济环境下，大学生的就业也需要通过市场进行配置，在就业市场中实现用人单位和求职者的双向选择。同时，在市场环境下，大学生在就业过程中也需要面临与同届毕业生和社会中其他求职者竞争的压力。因此，为了保障大学生的就业，高校应重视大学生的就业教育，加强大学生就业程序方面的培训。

(一) 毕业选择

自大学生活的启程阶段，大学生就应当深思熟虑未来的人生规划与职业定位，以便科学合理地布局学业路径，从容有序地实现职业理想。然而，面临毕业时，究竟有多少种可能的选择摆在大学生面前呢？

1. 就业

毕业生在临近毕业之际，经由学校推荐及参与招聘会、多元化渠道互动，与潜在雇主进行深度双向抉择后，签订就业协议书、劳动合同等具有法律效力的就业凭据，以此顺利觅得就业岗位。此外，他们亦可通过自我筹资、技术参股、积极寻求合作契机，乃至自主创业、灵活就业等方式开拓个人职业发展路径。

2. 升学考研

毕业后，专科生可通过专升本、攻读研究生或修读第二学位等途径提升学历水平，从而增强个人竞争力，有效缓解就业压力。因此，考研与专升本已成为众多高校毕业生优先考虑的选择。

3. 出国留学

毕业生在毕业后可以选择申请海外留学，既可以通过公费资助的方式，也可以自费完成。同时，也有一部分人选择赴海外就业，开辟职业生涯的新篇章。

4. 延时就业

延时就业这一概念，适用于尚未在毕业之际确定工作单位或因特殊原因暂未签订就业协议的大学毕业生群体。这类毕业生享有特定政策优待，即他们可以选择将户口及档案资料存放在指定的户口和档案管理机构，享受为期两年的免费保管服务；或者，可选择将户口及档案直接迁回原籍所在地，以便于在当地寻求并持续开展职业发展。

(二) 求职途径

1. 用人单位校园招聘会

校园招聘活动通常由用人单位通过与各高校就业指导中心紧密协作，在特定的高等学府内精心策划一场专属招聘会，以吸纳优秀的应届毕业生。时至今日，这一模式已发展得尤为成熟和完善。统计数据显示，超过八成的大学毕业生成功就业得益于校园招聘会平台。相较于社会招聘会，雇主亲临校园选拔人才，往往能够取得更高的招聘成效。在校园招聘过程中，有效规避了学校间的横向竞争以及与社会经验丰富求职者的纵向较量。此种招聘形式因其高度的目标导向性、安全可靠的环境以及较低的成本投入而备受青睐。因此，校园招聘不仅成为大学生实现就业的核心途径，更是公认的高效求职策略之一。

2. 高校组织举办的毕业生（年度）双选会

通常情况下，各高校就业部门会运用信函、电话等多元渠道，与全国范围内的用人单位积极接洽交流。一年一度的大型招聘会如期而至，时间定档于每年的十一月至十二月，部分高校甚至会在春季举办第二届双选活动。此类招聘会的核心目标群体是大学应届毕业生，所提供的职位需紧密贴合或大致对应其专业领域。因此，这种高效精准的对接模式深受广大在校毕业生的欢迎与高度关注。

3. 高校联合举办大型校园专场招聘会

近年来，高校正逐步推行行业、学科间的横向联动，精心打造针对本地区毕业生且规模可观的专场招聘会。观察当前校园招聘会的发展新潮，可以预见，由同一行业内多家企业联手举办的招聘会，将日益成为未来高校招聘会的主要形态。

4. 地区赴高校专场招聘会

各地（市）人事局与高校毕业生就业管理部门携手，集结当地企事业单位，赴全国各高校举办招聘会，重点对接沿海发达地区及中西部地区的人才需求。此类招聘会广泛涵盖各行各业，对各类专业人才的需求量大，且不限制毕业生生源地，广纳贤才。

5. 大中专毕业生双选会

由省级及市级人事部门与高校毕业生就业主管机构联手举办的大型招聘会，通常定档于每年的11—12月以及次年春季的3—5月。此类盛会汇聚了众多参会单位，广泛涵盖了各区域和多元行业领域，主要面向大学毕业生群体，大量就业岗位虚位以待。大学生通过参与此类招聘会，不仅能深入洞悉就业市场的动态，全面把握社会状况，而且即便未能现场达成签约，也能借此积累宝贵的求职经验，丰富个人职业历程。

6. 其他求职途径

（1）网络求职与电话求职。在线求职途径可归纳为两大主流策略：其一是通过发布个人简历至各大招聘平台，静候潜在雇主主动抛出橄榄枝；其二是主动出击，依据网络上丰富的招聘信息，精准投递求职意向，甚至直接登录知名求职网站，主动向心仪企业发送定制化的电子邮件申请。如今，网络择业已成为众多用人单位与应届毕业生共同接纳并倚重的渠道，但在探索这条路径时，务必保持高度警惕，学会甄别与远离各类虚假招聘信息，以强化自身的求职安全防护意识。

与此相辅相成的另一种方式是电话求职。大学生群体可根据各大招聘网站上翔实的职位信息，迅速响应，利用雇主提供的联系方式，及时与对方取得联系，借机探询并深入了解职位详情，适时展示自我优势，积极表达入职意愿，实现个人价值与企业需求的有效对接。

（2）中介机构代理。正值毕业季，高校学子们亦可借助繁荣发展的中国人才中介机构拓宽求职路径。他们可在正规就业中介机构登记个人代理、投放求职简历，并利用其推荐服务。然而，在甄选求职合作伙伴时，务必提防那些黑中介和假冒伪劣的中介机构。同时，对于意向合作的人才中介机构，务必深入调查其行业口碑和公众认可程度，确保中介机构的合法性和服务质量。

（3）推荐就业。由学校或者院系教师推荐、父母亲友推荐、实习单位聘用等。

二、就业程序

随着高校毕业生就业体系的日渐成熟，大学生就业指导已成为常态化的工作内容，各层级的就业管理部门与用人单位均构建了相对完善的工作机制。对于毕业生而言，在求职之初即深入掌握相关程序，不仅有助于降低求职成本，避免不必要的资源消耗，如人力、财力和时间，更能够助力其高效、顺畅地步入职场生涯。

高校毕业生就业管理体系主要涵盖三个核心层面：首先是国家教育行政主管部门，负责制定并推行一系列关乎毕业生就业的宏观政策；其次，地方层面的高校毕业生就业工作则由各省、自治区、直辖市以及中央相关部门具体落实执行；而高校内部的就业服务机构则扮演着关键角色，作为就业信息的重要汇聚枢纽和高校与用人单位间互动沟通的桥梁，其功能不言而喻。因此，全面认知大学生就业管理部门的操作流程，对即将踏入社会的毕业生至关重要。

(一) 高校就业管理部门的工作程序

1. 毕业生资格审查

毕业生资格审查是一项严谨的身份与学业完成情况确认工作，对于每一位即将离校的学子而言，是获得正式毕业证书并进入职场的前提条件。这项审查工作由地方教育行政机构权威执行，确保了研究生教育成果的有效性和合法性。

每年学校的就业指导中心会例行向各院系收集当年预计毕业的学生人数数据。基于学生的原始生源信息，学校首先进行初步筛查。初审阶段过后，毕业生需呈交一系列关键性文件，涵盖了诸如个人信息变更（如姓名不符）、生源地调整记录以及学籍变动等情况。

紧接着，学校毕业生就业管理部门对这些原始材料进行细致核查，复审无误后再递交给所在地区的教育主管单位进行最终审批。这一系列严谨的资格审核程序结束后，学校将据此构建详尽的本校毕业生来源数据库，并编制出全面的毕业生生源统计报表。毕业生生源数据库作为学校发布各类就业政策、统计数据的核心依据，其重要性不言而喻。而毕业生生源表则为潜在雇主提供了宝贵的参考信息，使他们能够迅速概览本校各专业毕业生的人数规模，以及不同专业学生在全国各地的地域分布状况。这一透明化的过程不仅有助于用人单位精准把握招聘需求，同时也为本校毕业生拓宽了就业渠道，提升了市场竞争力。

2. 发布生源信息，收集就业信息

除了对毕业生资质的严格审核，学校亦开始系统性地开展面向毕业生的专业解读工作。这一解读全面涵盖了专业范畴、培养目标、学科内涵、课程体系（涵盖核心专业课程、基础理论课程、个性化选修课程）以及毕业生能够胜任的职业领域等内容，并前瞻性地展望了各专业的发展前景。此举旨在为潜在雇主提供翔实而全面的参考信息，以便他们能准确把握对应届毕业生专业背景的理解。毕业生则需积极拓宽信息获取渠道，还要深入了解各地的就业政策导向。通过多元化的互动方式强化与用人单位的沟通联系，力求搭建稳固的毕业生就业合作平台，实时更新并汇集有效的就业市场信息，从而更好地服务于自身的求职规划与发展。

3. 发放就业相关资料

《毕业生就业推荐表》与《全国普通高等学校毕业生就业协议书》是由校方就业指导部门统一发放的关键性文档。前者作为学校权威认证的载体，翔实记录了毕业生的综合素质情况，不仅证实了其在校生身份，更是其步入社会初期的重要资质凭证。

而《全国普通高等学校毕业生就业协议书》是一份具有约束力的三方契约，它明确了毕业生、用人单位之间相互的权利义务关系，并在三方——毕业生、用人单位及学校间各执一份。此协议书实质上扮演着一种特殊形式的劳动合同角色，对于界定毕业生初次就业的各项权益具有深远的现实意义。无论是《毕业生就业推荐表》还是《全国普通高等学校毕业生就业协议书》，都是毕业生求职就业过程中不可或缺的核心文件，务必妥善保管。一旦不慎遗失，应及时向就业主管部门申请补办相关手续，以确保就业流程顺利进行。

4. 对毕业生进行就业指导

各高校就业部门应积极推行就业辅导课程，定期举办就业指导讲座，并提供专业咨询服务，同时分发各类就业参考资料。当前，众多高校已率先将职业规划课程纳入教学体系，确保学生自入学之初便开始系统学习，从而实现全程化的就业指导服务。

5. 组织校园招聘会

学校就业指导部门依据申请情况，精准安排校园招聘会的举办时间与地点，并适时主办招聘会活动。校园招聘会作为大学生就业市场的核心载体，已成为当前大学生就业的重要主渠道。

6. 制订就业方案

每年自5月起，学校依据毕业生与用人单位签署的正式就业协议，精心编制年度就业实施方案。在这一过程中，确保毕业生亲自参与并核实就业方案的准确性至关重要。

（1）对于已获得明确工作单位的毕业生，学校将精确安排其至指定单位，毕业生需严谨核查单位名称及工作地址的细节。

（2）在读研究生以及专升本阶段的学生，按照规定，不予派遣就业，故此阶段不发放报到证。

（3）若毕业生申请留校任职，须完成相关手续后，暂时延缓派遣，报到证亦暂不发放。

（4）准备出国深造的毕业生，其派遣关系将转回生源地教育部门。

（5）定向培养的毕业生原则上应回原定向单位就业，如有特殊情况需调整，须严格依照学校所在地教育行政管理部门的相关政策执行变更手续。

（6）针对尚未确定工作单位的毕业生，鼓励其与当地人力资源代理机构签订就业协议，并将报到证及时送达该代理机构，以保障其后续就业服务顺利进行。

人事代理是指依据国家及省市人事政策法规，由各级行政机关所辖的人才流动服务机构或专业人事代理组织，运用社会化服务机制与现代科技手段，为外资、私营、股份制企业、民办科研机构，以及无独立人事管理权限的企事业单位和其他有需求的单位，以及因自费留学、辞职等原因暂未落实工作单位的专业技术人员和管理人员，提供包括档案托管在内的全方位人事服务。

这一制度对于拓宽大学生就业路径，革新高校毕业生就业方式，保障毕业生与用人单位双方的合法权益，具有深远的影响。当毕业生入职外资、私营、股份制企业、民办科研机构或其他不具备人事管理权的单位时，可为其办理人事代理手续。同时，针对毕业暂未找到工作单位的情况，亦可自主前往所在地的人才服务中心签订协议，以获取人事档案托管服务。

(7) 除申请留校或选择在省级高校毕业生就业管理部门工作的人员外，其余尚未落实工作单位的毕业生，将按照各省就业主管部门的具体要求，被妥善送回其生源地。

7. 就业派遣

学校精心编制就业计划，并将其递交给教育部审批。经过教育部严谨审定后，将印发《全国普通高校本专科毕业生就业报到证》（简称《报到证》）。此证需获得所在地省级和市级教育行政部门的双重审核并加盖公章后，方能正式生效。随后，学校依据获批的就业计划，有序安排学生派遣工作。

8. 办理离校手续

在毕业后阶段，学生档案管理工作将无缝过渡至毕业生档案管理部门，届时，毕业生的档案将以严谨的保密措施递送至用人单位，确保档案的安全与私密性。值得注意的是，毕业生本人并不具备携带个人档案的权限。一份完整的毕业生档案应囊括如下关键材料：毕业生登记表、学业成绩单、奖惩记录、学位证书副本、入党（团）申请书、毕业体检报告以及报到通知书等。它不仅是个人学习成长历程的权威见证，更是未来职业发展的重要依据。

（二）大学生就业程序

一个完整的择业过程指，从大学生准备找工作到去单位正式报到并转递完档案人事关系为止的整个活动过程。具体而言，包括收集就业信息、自我分析、确定目标、准备自荐材料、参加招聘会、应聘和签约、报到、调整改派等步骤。

1. 收集就业信息

就业资讯涵盖了政策导向、市场动态、企业需求及毕业生状况等多个维度，对于大学生群体而言，其全面性和精准性直接决定了他们在求职道路上成功与否。在职场起步阶段，掌握丰富且高质量的就业信息意味着更广阔的择业视野和更高的求职成功率。反之，则可能受限于信息匮乏，面临选择空间狭窄的困境。尤其是在就业体制不断深化改革的今天，求职者所掌握的有效信息愈加成为用人单位衡量其价值的重要参考，也是大学生进行明智职业抉择不可或缺的基础资源。

就业信息对于大学生未来的就业情况能够产生导向作用，是大学生确立就业目标和行业发展目标的主要依据。由于大学生对于社会各个行业的了解情况不足，因此高校需要在就业管理中加强就业信息的收集和整理，以帮助大学生实现就业信息的指导。

第一，政策和法规信息。这类信息是国家和各个地区为了促进大学生就业、吸引年轻人才而出台的一些政策和地方性的规定。这类信息具有宏观上的导向作用，帮助大学生进入一些具有发展潜力的就业岗位。

第二，当前大学生就业市场的供需信息。针对社会经济发展的脉络，探究各行各业的运行态势与各企业经营状况，尤为重要的是深入理解本校及所学专业在社会需求层面的定位，以及明晰雇主对毕业生的核心诉求。须密切关注学校教育与市场需求的对接，精准把握企业对毕业生的具体要求。

第三，用人单位的信息。比如，寻求与自身专业对口的雇主信息，包括其招聘需求人数、企业全称、办公地址、所有制属性、隶属关系、经营现状及发展前景；同时关注企业的文化背景、工作环境条件、福利待遇政策，以及对人才的重视程度和针对应届毕业生的具体培养及使用计划。

第四，就业活动安排信息。例如，企业将举办一场详尽的介绍会，定于特定的时间与地点展开；招聘会及供需洽谈会也将在规定的时间与地点盛大召开；同时，企业还将开辟线上平台，举办网络市场活动。

第五，择业和创业的经验、教训的信息。

大学生获取信息后，须迅速有效地利用这些信息，原因有二：一则，求职信息具有时效性，有效期往往仅有数月；二则，这些信息是针对全国全体高校毕业生开放的，竞争无处不在。因此，毕业生在应对信息时，既不可急于求成，也不可懈怠拖延。

2. 自我分析

（1）对个人综合素质与能力进行全面自我评估，涵盖学术成绩排名、独特兴趣点、突出特长及爱好，以及具备何种卓越能力（包含潜在能力）。

（2）深入剖析自身的性格特质与气质特点，因为若能投身于契合个性与气质的职业领域，往往更容易取得成就。可借助专业性格气质测试工具，进行科学而精准的自我剖析。

（3）在职业选择的过程中，明确自身的优势所在与不足，并制定如何发挥优势、规避短板的战略。

（4）明晰个人发展的理想方向与角色定位，即自己期望在哪个领域深耕，期待成为何种类型的人才。

3.确立目标

（1）就业地域。身处沿海都市抑或内陆腹地，面临的是坚守本土基业还是远赴他乡拼搏的选择；是在繁华都市中寻觅机会，还是投身基层寻找发展契机。此刻，决策之际，不仅需兼顾政策导向，亦要考虑生活习惯与长远发展规划。

（2）就业行业范围。面临抉择，是拓宽自身专业疆界，还是深耕本专业领域，是在既有专业范围内投身于技术实践、管理运作、社会服务，抑或献身教学研究等多元工作。此时，大学生应当深度思考自身的综合素质、能力倾向以及兴趣特长所在。

（3）就业单位选择。面对大小企业、不同类型机构的选择难题——从大型企业到小型公司，再到国营企业、三资企业和私营企业，甚至是否投身自主创业的洪流，求职者往往会面临多重考量。核心问题不仅包括哪些单位正在招聘人才、自身是否达到其要求，还涉及个人内心深处的理想归属——究竟哪一家公司才是自己最向往的职业舞台。对于怀抱教育理想的大学生而言，择校层次与具体院校的选择更是至关重要，它将直接决定他们未来在教育事业上的起点与发展路径。

4.准备自荐材料

推荐材料组合应包含学校官方推荐表、翔实的个人简历、真诚的自荐信以及相关辅助证明材料。尽管这些文档均可独立呈现，但各自承载着不同的功能，自荐信旨在抒发个人诚挚意愿与积极态度，个人简历则系统梳理并展示申请者的成长历程与实践经验，证明材料则有力凸显所取得的各项成就，而学校推荐表，则是对申请者素质与能力的权威背书。

这套自荐材料不仅是展现毕业生全方位综合素质的关键载体，更是搭建起他们与潜在雇主间信息交流的桥梁。它是雇主洞察毕业生特质的一扇窗，更是评判其是否具备面试资格的核心参考，因此被赞誉为大学生在求职竞争中抢占先机、迈向面试成功之路的"敲门砖"。

5. 参加招聘会

在大学生求职阶段，招聘会与人才市场犹如一座坚实的桥梁，联结着用人单位与未来的职场新秀。在这个平台上，雇主与大学生首次亲密互动，企业借此机会展示自身发展前景，同时广泛收集毕业生的自荐资料，部分单位甚至会要求学生填写报名表格。而大学生在初步了解雇主背景后，便会将自己的简历投递给心仪的招聘单位。然而，现实中，不少参与招聘会或人才市场的大学生往往仅止步于递交一份申请材料。

为了提升求职效率，大学生可策略性地参加各类招聘会和人才市场活动。此外，他们还可通过电子邮件的方式，将精心准备的自荐简历直接送达雇主手中。如此一来，雇主便能依据收到的简历信息，精准筛选并决定是否邀请毕业生参加后续的笔试或面试环节。

6. 应聘和签约

（1）应聘。应聘主要是大学生按照应聘方的要求，主动按照应聘流程参与求职活动。通常来说，应聘流程包括：一是大学生按照应聘单位的求职信息投递简历。在简历获得认可后，大学生再按照具体应聘流程参加岗位的竞聘。二是在一些公开性的招聘会中，大学生通过与应聘单位的交流，找到能够参与的工作岗位。三是在学校、教师的牵头下，一些用人单位对某些具有特长和专业能力的大学生进行招聘和培训。

（2）签约。在确定录用意向的过程中，用人单位与毕业生实行"双向选择"机制，一旦双方达成共识，用人单位会向毕业生发放录用通知书。随后，毕业生在被正式录用后，双方将同步签订劳动合同。此就业协议具有约束力，一经签署，任何一方均不得擅自更改。若其中一方欲解除协议，必须取得对方的同意，并按照事先约定支付相应的违约金。

7. 报到

在顺利完成学业并签署就业协议，圆满地完成毕业前各项筹备工作之后，毕业生需按照规定时间前往用人单位报到。为此，他们需提前备齐报到证、毕业证书、学位证书，以及户口关系证明、档案关系转移凭证和组织关系介绍信等核心文件资料。

8. 调整改派

（1）毕业生调整手续。调整是指毕业生在毕业之际选择转校或暂未明确工作单位而被派回生源地人事局，待确定工作后需重新派遣的情况。对于申请留校的毕业生，需向就业中心提交《档案留校申请协议》以及与现工作单位签订的合同，由学校就业指导部门负责向当地教育主管部门完成转派手续。若毕业生被派回生源地人事局，在报到有效期内找到工作的，应将原报到证和新签订的工作单位协议一并交至学校毕业生就业指导部门。若超过报到期限，则除上述材料外，还需提供生源地人事局同意其前往他处就业的解约函。所有相关文件汇总至学校就业指导部门后，该部门将统一前往省教育厅办理调整手续。

（2）毕业生改派手续。改派是指毕业生在完成学业后已获分配至某一特定工作单位，但随后与该单位解除劳动关系，需重新办理就业派遣手续。这一过程中，毕业生需备齐原单位出具的离职证明、原单位签发的就业报到证以及新单位发出的接收函。然后，毕业生可携此三份关键材料至所在学校的就业指导部门，由该部门代为向当地教育行政主管部门申请转派手续。

第二节　大学生就业目标分析

一、明确毕业目标

大学生在面临毕业的过程中，都需要对未来的继续深造、求职或创业做好准备。因此，任何一名想要获得人生成就的大学生，都需要在毕业阶段树立未来发展的目标。而未来毕业目标的确立，需要结合现实情况和个人情况，确保目标具有科学性和可行性，应减少过去大学生活中不切实际的目标。在这个过程中，高校应为大学生确立目标提供指导，帮助他们建立未来发展规划。

(一) 升学

一部分学生在本科毕业后，会选择继续升学考研，这样可以在自己的学术领域进行更深入的研究，提升自己的学历，以便毕业后增加就业选择的范围，并建立更高层次的人际关系网络。

(二) 公职招考就业

公务员会有稳定的收入和生活，有良好的保障和一定的社会地位，也要求具备全心全意为人民服务、宽以待人的职业道德修养。所以有志从政的学生，可以在大学毕业后选择考取公职。

(三) 自主就业

1. 国企（或事业单位）就业

有稳定的收入及良好的福利保障；有国家做后盾，安全系数高；国企注重员工素质，要求员工为人处世遵循一定规则，可以有较多的培训机会，能够形成良好的就业观。

2. 私企就业

大学生在就业过程中，私营企业能够吸收大量的人员。私营企业的数量较大，行业多样，能够满足大学生多元就业需求。在私营企业中，大学生通常能够结合专业情况和个人能力选择工作岗位，具有一定的发展空间。

3. 自由职业

目前，随着网络化社会的发展，许多自由职业也成为许多人发展的主要途径。自由职业通常适合那些具有一定特长的大学生，如艺术类、创意类等。自由职业的优点是能够让从业者自由安排个人的生活与工作时间，充分体现个人的创造力。

(四) 创业

大学生创业已经成为社会中的热门话题，是许多大学生实现个人创新创业理想的途径。随着国家和社会对于大学生创业提供了更好的条件，降低了大学生创业的门槛，同时也借助大学生创业提高了社会创新活力。创业活动要求大学生具有一定的创新基础，创造出可以进行市场转化的项目，同时还要求大学生具有一定的企业管理和经营能力。

大学生积极投身自主创业，能够在实现自身职业发展的同时，将个人兴趣与职业完美融合，专注于那些最具吸引力、最富激情、最有社会价值的工作。他们在广阔多元的社会交际舞台上挥洒才智，展现自我，来赢得与付出相匹配的合理回报。

二、了解就业政策

随着国家和地方经济增速进入新常态，宏观就业压力不减，鼓励高校毕业生下基层就业仍然是国家重要的政策导向。

(一) 基层就业

1. 基层就业的内涵

基层就业的政策是鼓励大学生在毕业后，能够参与到农村、基层社区和中小城市的企业当中参加工作，为基层发展服务的政策。从大学生就业的角度来看，基层主要包括以下内容：一是广大农村、城市街道社区；二是县级、乡镇级的机关单位和企业；三是一些地域偏僻和条件艰苦的重要岗位等。

基层就业是国家为了合理配置人才资源、缓解大学毕业生就业压力的一种宏观调控政策，整体上的政策包括大学生的西部人才扶持计划；大学生参与"三支一扶"与特岗教师计划；大学生村干部工作等。

2. 基层就业的意义

基层就业在社会发展方面能够合理配置人才资源，为西部地区、乡村地区、城市基层社会及特殊岗位带去更多的人才，促进城乡、行业之间的协调发展。在大学生个人发展方面也是缓解就业压力，创造更广阔发展空间的重要途径。大学生积极参与基层就业，不只是参与社会风险，也能得到国家相关政策的支持，对于大学生未来发展具有较大的优势。

（1）基层就业是破解我国当前大学生就业难的必然要求。基层就业是缓解人才市场就业矛盾的突破口，能够让一部分大学生避免激烈的竞争，在一些非热门但社会有需要的岗位上作出贡献，实现人生发展理想。大学生应结合自己的实际情况，积极地参与基层就业，积累基层的工作经验。

（2）基层就业是我国社会经济及高等教育发展的必然结果。近年来，我国经济的发展取得了举世瞩目的成就，高等教育实现了从"精英教育"到大众化教育的转化，在不久的将来还将进一步发展到高等教育普及化阶段。市场经济体制的确立，要求社会的一切资源（包括人力资源）由市场来进行选择和配置，要求毕业生通过参与市场的竞争来实现就业。

（二）大学生应征入伍

大学生应征入伍者在享有"四个优先"政策的保障下，不仅拥有优先报名、优先体检、优先审批及优先安排使用的权益，同时也能享受到军属的各项福利待遇。除此之外，他们还有机会获得优先选拔任用的机会，并可享有学费补助与助学贷款补偿的优惠政策。退役后，他们在升学方面将享有特别优惠，并能接受专门的就业服务支持，确保其未来发展之路更加宽广顺畅。

1. 优先选拔使用

在同等条件下，优先选拔士官、军事考核优胜者及技术岗位人才。对于毕业于普通高校并拥有相应学位的优秀大学毕业生，若其表现卓越且符合相关规范，可直接遴选为军官。

2.就业安置扶持

依据国家相关政策，退役大学生士兵享有参与国有企业专项招聘的权利，并有机会角逐基层武装干部岗位以及竞选村级"两委"领导班子成员。他们在军队服役的宝贵时光，被视作宝贵的基层工作经验，不仅能够融入"三支一扶""一村一大"等乡村建设志愿服务项目中去，而且在服务期满并考核达标后，还能享受到与之相匹配的各项福利待遇。同时，全国各地的地方党委和政府已将退役大学生士兵群体纳入了重要的选拔任用干部体系，予以重点关注和定向培养。

(三) 参与国家和地方科研项目

国家积极推动并扶持科研院所和高等院校吸引优秀大学毕业生投身于国家及地方的重大科研项目中。在参与课题研究的过程中，大学生不仅能享受到相应的劳务报酬，还能得到包括社会保险在内的多项补贴支持，其户口和档案可选择存放在就读学校的所在地或原籍家庭所在地的人才交流中心。待课题研究聘用期满后，视实际需求可续聘或转任其他职位，而他们在课题研究阶段的服务年限将被纳入整体工作年限，并确保社会保险缴费年限的连续计算。

(四) 对困难毕业生进行就业援助

对于面临就业困境以及零就业家庭背景的大学生群体，政府积极推行一系列扶持政策，包括但不限于公益岗位的优先安置、社会保险费用的财政补贴、公益岗位专项补贴等措施，以缓解其就业压力。

各级机关事业单位在招聘过程中，免除大学生报名费及体检费用，减轻其求职成本。各高校也依据自身实际情况，对毕业生提供适当的就业援助资金支持。

全国各地的公共就业服务机构则全力为离校后尚未落实工作或选择回乡发

展的大学生提供无偿的就业服务。这些服务不仅涵盖了基础的职业指导与咨询，还特别设置了就业见习项目和各类职业技能培训课程，旨在提升大学生的就业竞争力，助力其实现稳定、高质量的就业。

第三节　大学生就业协议分析

在大学生与雇主的相互选择过程中，一旦达成共识，首先应与雇主及学校签署就业协议，随后再与雇主签订正式的劳动合同以确立劳动关系。近年来，高校毕业生在签订劳动合同环节与用人单位产生的法律争议屡见不鲜。究其原因主要是大学生缺乏社会经验和法律知识，因此大学生需要在了解就业相关法规的基础上，熟悉就业协议和劳动合同的相关知识。

一、就业协议

就业协议作为一份严谨的法律文件，详尽记载了毕业生、用人单位及学校三者在就业过程中的法定权利与义务。它不仅涵盖了关乎应届毕业生户籍迁移、档案管理、社会保险、公积金等关键生活保障事项，而且其效力贯穿至毕业生正式入职并被单位接纳为止，至此阶段协议自然终止。

随着我国毕业生就业制度的不断革新与完善，就业协议的内容亦日趋规范、法治化，力求全面保障毕业生权益。现今，许多用人单位和学校已在就业协议书中融入了劳动合同的相关要素，如服务期限、岗位职责、工作环境与安全、薪酬福利体系、劳动纪律约束、协议解除条件以及违约责任追究等条款，从而更加明晰各方权责边界。

签署就业协议本质上是一种庄重的法律行为，一旦协议书签订完成，即被视为具有法律约束力的有效合同。这一环节不仅是界定签约三方权益义务不可或缺的步骤，更是解决潜在就业争议的关键依据。因此，毕业生应对就业协议持有正确且严肃的认知态度，审慎签订每一份就业协议，确保自身合法权益得到充分保障。

(一) 签约的基本原则

1. 合法原则

对于毕业生而言，取得毕业资格是不可或缺的前提条件，若在报到时未达标，雇主有权拒绝，而不必承担违约责任。反之，雇主一方，必须具备合法经营或管理的资质与能力，并设立实体以提供就业岗位给毕业生；否则，毕业生有权在无须承担违约风险的前提下解除协议。而在高等教育机构层面，各高校应严格遵循用人单位标准，真实公示毕业生在校期间的各项表现，并为毕业生提供详尽的用人单位相关信息。同时，学校需全程介入并强化对毕业生签订就业协议过程的公证、审核、监管、指导、协调等一系列管理工作。

2. 平等协商原则

当双方缔结劳动合同时，彼此应秉持平等的法律地位原则，不可单方面强行施加个人意愿。学校无权运用行政手段迫使毕业生前往特定单位就业（除非存在特殊情况），并在签约环节中，不得向学生收取高额风险保证金或其他保证金。双方的权利与义务应达成均衡与一致。除了本协议已明确列明的内容之外，若双方另有其他约定事项，可在协议"备注"部分予以增补说明，以确保合同内容的全面性和有效性。

(二) 签约的程序

在毕业生与用人单位历经供需对接及双向选拔后达成共识的基础上，毕业生就业协议的签订通常遵循如下步骤。

(1) 毕业生在协议书中书面表达其自愿赴所选单位工作的意向，并签署个人姓名，以此确认其决定。

（2）用人单位的人事部门负责人代表单位，在协议书上签署同意接纳该毕业生的书面意见，并加盖公章。若该单位不具备独立人事录用权，则需将此协议呈报至其上级主管部门审批并加盖公章予以确认。

（3）毕业生所在院（系）对协议内容进行审议并签署意见。

（4）学校毕业生就业主管部门对协议进行全面审核，在确认无误后签字盖章，将其纳入就业方案，并将已签署的就业协议书分发回各方手中。

当以上所有程序均顺利完成时，该协议正式生效，并被纳入国家就业计划，由学校及相关部门、地区遵照执行。

（三）签约时应注意的问题

大学生就业协议书是界定毕业生、用人单位及学校三者间权责关系的具有法律效力的契约，其内容关乎每一位毕业生的切身权益。故而在签署就业协议这一关键环节，务必确保自身合法权益得到有效保障，以下几点需特别留意。

1. 了解用人单位，结合自身现实慎重签约

劳动合同是劳动关系的核心要素，它承载着确立双方权益的重要责任。对于用人单位而言，必须具备合法开展各类经营活动或管理活动的资质与能力；而毕业生在求职阶段，需明晰意向单位是否拥有独立的录用权限及录用指标。针对不具备用人自主权的单位，务必深入了解其人事关系代理的具体安排，诸如代理机构的选择、人事手续是由个人自行办理还是由单位集中代办，以及可能涉及的代理费用等问题。

鉴于当前人才市场良莠不齐，大学生在甄选雇主时应尤为审慎。在投身职场前，首要任务是对自我进行清晰定位，明确自身适宜并热爱的行业领域，综合考量自身的实际条件，包括但不限于单位所在地的生活成本、薪酬待遇、企业性质、所在行业等因素。建议通过多元化的信息渠道全面调查潜在雇主的基

础信息，若条件允许，不妨亲临现场参观考察，直观感受企业文化与工作环境。此外，决策过程中亦应积极征询家长、亲友的意见，多方求证，确保万无一失。在做出最终抉择前，切勿轻率放弃其他有价值的就业机会，以免带来不必要的经济损失或错过更适合的发展平台。

2. 按照规定的程序签约

大学生就业协议书的缔结通常涉及三方，即毕业生、雇主以及学校。这一过程中，学校不仅作为签字方参与其中，更是担任了协议的公证角色，确保整个签约流程公正有效。这样的机制设计，旨在双重保障毕业生与雇主之间的权益关系，特别是在保护毕业生合法权益方面起到了关键作用。

3. 明确有关条款的内容

现今的毕业生就业协议多采用由教育部或各省级毕业生就业管理部门统一制定的标准模板，以确保其规范。然而，鉴于不同用人单位间的个性化需求，协议书中特意预留了备注栏，以便双方就特定事项达成并添加补充条款。毕业生与潜在雇主在填写协议时，应当秉持实事求是的原则，确保条目清晰、字迹工整；同时，利用备注部分灵活纳入诸如薪资福利、具体工作岗位及部门安排，以及针对毕业生继续深造（如考研或考取公务员）后的处理办法、违约责任等相关约定。

值得注意的是，在当前大学生群体中，选择考研或报考公务员的比例显著上升，而此类考试与就业进程之间可能存在时间冲突。因此，对于有意考研，尤其是已参加研究生入学考试的毕业生，务必在签署就业协议之前，与用人单位充分沟通，明确考研成功后的处理方式，并在协议文本中明确载明这一特殊条款，从而避免后续因升学与工作关系产生的法律纠纷。

4. 就业协议的时间有效性和与劳动合同的衔接

就业协议是我国现行高校毕业生就业体系中的关键纽带，它标志着毕业生从校园生活迈向职场生涯的重要过渡阶段。在求职过程中，毕业生应积极与用人单位就核心条款如薪酬待遇、试用期限、住宿安排及服务期限等内容展开磋商，并确保这些内容明确载入就业协议中，以书面形式固化共识，从而有效避免未来可能出现的纠纷和举证难题。

尽管就业协议对于毕业生具有重要意义，但它并不能完全替代劳动合同的作用。因此，毕业生在签订就业协议后，为了切实保障自身合法权益，仍需进一步与用人单位签订正式的劳动合同。实际情况往往是，毕业生入职后，双方才会正式签订劳动合同。

5. 档案转寄、户口迁移等具体问题

随着毕业生就业形态日趋多元化，多数人在毕业后需面对人事关系从学校转移这一问题。因此，在与用人单位签订就业协议时，尤其是与不具备人事代理资质、需借助第三方进行人事代理的机构缔结劳动合同时，务必明晰自身未来人事关系的归属路径，并在协议相关条款中清晰标注档案邮寄地址及户口迁移地址，以确保毕业派遣工作顺利进行，避免出现不必要的困扰。

二、劳动合同

劳动合同，这一法律契约，构筑了劳动者与用人单位之间的劳动关系桥梁，明晰并确立了双方各自的权利与义务边界。其核心内容恰恰构成了劳动关系的本质内核，正是这份详尽而明确的约定，使得劳动合同得以成立并产生法定效力。大学毕业生在与用人单位、学校签订就业协议后，还需要与用人单位签订劳动合同，这也是大学毕业生从事工种的依据，劳动合同涉及劳动报酬、劳动保护、工作内容、劳动纪律等内容。

（一）劳动合同的基本内容

劳动合同的核心构成涵盖了法定要素与自主约定条款两大部分。法定条款是指那些由相关法律法规明文规定的必要内容，而协商条款则是指超越法律规定范畴，由合同双方基于平等自愿原则，深度磋商并个性化定制的合同内容。劳动合同应当采用书面形式缔结，确保其严谨性和法律效力。具体内容应详尽载明雇主全称、注册地址、法定代表人或主要负责人；劳动者的真实姓名、现居住地址以及有效的身份证明文件编号；明确的劳动合同期限；具体的工作内容描述及工作地点安排；关于工作时长、休息休假制度的规定；全面阐述劳动安全防护措施、工作环境条件以及职业危害防护办法；清晰界定劳动报酬结构和社会保险待遇；严格规范内部纪律要求；明确列举解除劳动合同的具体条件及相应的违约责任条款。通过这样的精细化约定，劳动合同旨在构建公正、透明且具有约束力的雇佣关系框架。违反法律、行政法规的劳动合同，采用欺诈、威胁等手段订立的劳动合同都视为无效合同。

(二) 劳动合同订立的原则

《中华人民共和国劳动合同法》第三条明确规定了合法、公平、平等自愿、协商一致和诚实信用五大原则。

(三) 劳动合同的变更、终止

1. 劳动合同变更的条件和程序

（1）条件：订立劳动合同时所依据的法律法规已修改或废止；用人单位转产或调整、改变生产任务；用人单位严重亏损或发生自然灾害，确实无法履行劳动合同规定的义务；当事人双方协商同意；法律允许的其他情况。

（2）程序：及时提出变更合同的要求；按期作出答复；双方达成书面协议。

2. 劳动合同的终止

（1）当劳动合同届满或双方事先约定的终止条件已然达成时。

（2）若合同一方遭遇意外失联，抑或劳动者因丧失工作能力而无法继续履行合同义务。

3. 劳动争议的处理

劳动争议通常是指劳资双方在市场活动中产生的冲突，体现为权利和义务的不均衡。在处理劳动争议过程中，劳资双方应按照法律的规定来进行，要切实保护劳动者的权益。劳动争议的处理方式有四种途径，即协商、调解、仲裁和诉讼。

(四) 签订劳动合同的注意事项

大学生在就业过程中，面对企业和其他用人单位，往往处于劣势地位。在签订劳动合同时，需要大学生增强法律意识，切实保护个人权利，以免发生不公平的劳动合同。如果个人权益受到侵犯，应用法律武器来保护自己。

1. 签订的合同须合法

依法签订劳动合同是其产生法律约束力的前提。如果签订的劳动合同不合法，那么求职者的权益保护会遇到困难。为此，求职者一定要先确认自己签订的劳动合同是否具备产生法律约束力的条件。

2. 关注内容应仔细

将合同内容与相关的具体规定进行比对。大学生应该增强就业过程中的法律意识和自我保护意识，到用人单位就职后及时与单位签订劳动合同，并关注劳动合同的内容。

第四节　大学生就业权益保障

大学生在就业过程中，不应操之过急，也不应在竞争压力下为找到工作而放弃个人的权益。高校在就业教育中，应加强对劳动保障和就业方面的法律教育，提高大学生的法律意识，让大学生懂得在求职就业过程中保护个人权益。

一、毕业生就业权益

(一) 大学生择业过程中享有的就业权益

大学生就业权益多元化，依据当前政策法规，其在求职阶段所享有的权益与用人单位向毕业生赋予的核心权益主要体现在以下几个层面。

1. 获取信息权

就业信息是大学生选择职业的前提，也是最重要的一环。研究生信息权的行使应当包含三个方面的内容。

（1）高校和社会应该在创造大学生就业环境时，要注重信息的公开性。高校在对毕业生进行管理时，应建立毕业生就业信息系统，在系统中用人单位也应结合招聘情况填报信息。用人单位应通过信息公开的方法来公布招聘情况。

（2）要及时了解情况。即毕业生所获得的信息要及时、有效，不能把过时的或无用的信息传给学生。

（3）要确保资料的全面性。毕业生有权获得准确而全面的就业资料，这样才能充分认识雇主，以便作出适合自己的选择。

2. 接受就业指导权

毕业生应当积极行使并充分利用这一权利，通过校园内的就业指导中心以及公共就业服务系统，及时获取有效的就业指导，以便早日觅得理想的就业岗位。

在校大学生享有接受学校就业指导的权利，为此，各高校应设立专业的就业指导部门，指派专职人员为毕业生提供全方位的就业指导服务。这些服务内容涵盖宣讲国家针对毕业生就业的各项方针与政策；解析毕业生就业工作相关的规定及流程；提升毕业生的就业技能素养；引导大学生在深入了解国家和社会需求的基础上，结合自身实际，明智地选择与之相适应的职业道路。

3. 被推荐权

高校肩负着引荐毕业生至用人单位这一关键性的就业任务，而实际经验揭示，学校的推荐行为在很大程度上左右了用人单位对毕业生的选拔决策。

（1）坚守"诚信推荐"的原则至关重要。高校在向用人单位推介毕业生时，务必秉承实事求是的原则，杜绝任何刻意贬低或过分美化的倾向，真实反映学生在校期间的表现情况。

（2）坚持"公正推荐"的原则同样不可或缺。在推荐毕业生的过程中，高校应秉持公正、透明的原则，做到一视同仁、不偏不倚，确保每一位毕业生都能在公平的竞争环境中得到展现自我价值的机会。

（3）优生推荐。学校根据毕业生在校表现选择推荐优秀的毕业生，激励学生在校努力全面提高各项能力、提高就业竞争力。

4. 公平录用权

用人单位应当秉持对所有毕业生公平公正的原则，确保一视同仁的录用机会。然而，当前形势下，高校毕业生平等的录取权利正遭受严峻挑战，这一问题不仅令广大毕业生深感忧虑，对其他在校生也产生了负面影响。由于相关政策与配套措施的滞后性，一个真正开放且公平的就业市场尚未全面构建完成。在招聘大学生的过程中，用人单位仍存在诸如性别歧视、人脉关系优先、地域优势等不公正现象。因此，保障公平聘用权，成为高校毕业生亟待解决的关键权益诉求。

5. 违约求偿权

在毕业生与雇主、学校共同签署就业协议后，任何一方均不得擅自解除劳动合同。若雇主无合理缘由提出解约，毕业生有权要求对方坚守合同约定，严格执行劳动合同内容。如若违约，雇主须承担相应法律责任，支付违约赔偿金，并面临毕业生的合法索赔。当前大学生就业市场中，由于多种因素交织，毕业生签订多份劳动合同的现象屡见不鲜。

6. 职业选择权

毕业生享有自主择业的权利，涵盖决定是否投身职业劳动、选择何种职业领域、确定入职时间以及在哪家用人单位实现职业价值等多个方面。

7. 择业知情权

毕业生依法有权获知用人单位的基本信息，包括其主体资质、岗位设置、工作条件、环境待遇及薪酬福利等详细情况。然而，在实际招聘过程中，部分雇主为规避潜在的职业风险，往往会对自身资本实力、企业规模和员工福利等方面进行不实夸大，这种行为无疑侵犯了大学生的知情权益。近年来，我国职业病呈现年轻化发展趋势，这一现象有力地揭示了在职业生涯早期阶段，劳动者权益遭受侵害问题的严重性。

8. 享受国家规定的与就业有关的其他权利

大学生择业过程，除享有以上就业权益外，还享有国家规定的与就业有关的其他权利。

(二) 毕业生实现就业后享有的就业权益

1. 签订正式劳动合同的权利

劳动者应该学会依法维护自己的合法权益。用人单位聘用劳动者后不签订劳动合同是违反法律的。用人单位故意拖延不签订劳动合同，对劳动者造成损害的，应当赔偿劳动者损失。

2. 劳动报酬权

现实中，部分用人单位瞄准试用期尾声，以种种借口辞退大学生，以达到压缩工资支出的目的，这种行为本质上是对劳动者薪酬权益的侵害。

3. 休息休假权

许多用人单位在培养新人的过程中，容易忽视新人的休息权利，从而让新人过多地加班，并且在放假时也需要参加工作。大学生在就业过程中，应重视对个人权益的保护，自觉抵制用人单位对休息休假权的侵犯。

4. 社会保障权

用人单位与劳动者确立了劳动关系，就必须依法按社会保险规定比例，为劳动者缴纳包括医疗保险、失业保险、生育保险、养老保险、工伤保险及住房公积金在内的各项社保费用。然而，在现实中，许多企业并未为大学生提供应有的社会保险保障，更有甚者，通过签订"劳务合同"的方式规避社保责任。对于大学生而言，缺乏社会保险制度的保障，无疑将影响其长远发展与未来前景。

5. 拒绝收费权

现实中，部分用人单位在招聘应届毕业生时，会提出诸如报名阶段需缴纳报名费，考核阶段涉及笔试、面试环节则需支付监考费、面试费乃至证件审核费等额外费用。甚至在签订就业协议环节，也有单位要求毕业生提供保证金或抵押金。对此类不合理收费，毕业生有权依据法律予以拒绝，维护自身权益。

6. 解除劳动合同的权利

在试用期间，劳动者可以随时通知用人单位解除劳动合同，不需要任何附加条件。用人单位不得要求劳动者支付技能培训费用，而应按劳动者的实际工作天数支付工资。

二、毕业生就业权益保护

保障大学生的就业权益是我国当前亟待解决的一个重大问题，大学生要了解实现自我保护的法律保障和相关途径，牢固树立维权意识，用法律手段维护自身权益。

1. 毕业生就业主管部门的保护

各省级毕业生就业管理部门均制定了严谨的规定以保障毕业生权益，并坚决抵制及妥善处理任何侵害毕业生权益的行为。

2.高校的保护

学校在保障毕业生权益方面扮演着直接且关键的角色，通过对毕业生就业指导及就业推荐活动实施严格规范，有力地捍卫了毕业生公平就业的权利。面对用人单位在录用过程中可能出现的任何不公行为，学校有权并积极介入抵制，确保毕业生权益不受侵害。同时，用人单位在与毕业生签订就业协议时，必须遵循相关法律法规的规定，否则学校有权认定该协议无效。未经学校审核批准的雇佣合同不具备法律效力，因此无法作为制订招聘计划的合法依据。

3.毕业生的自我保护

高校毕业生权益保障的核心要素之一，即在于提升毕业生自身的防护意识与能力，自我保护主要体现在以下几个方面。

（1）毕业生需深入理解并紧跟国家关于毕业生就业的各项方针政策与法律法规，明确自身在求职过程中的法定权利与义务，这是构筑权益保护坚实基础的关键所在。

（2）大学生应积极践行就业伦理规范，主动接受制约，确保自身就业行为严格遵循相关规定，坚决避免任何可能损害其他毕业生正当权益的行为发生。

（3）在应聘及签订就业协议的过程中，毕业生务必坚守自我权益防线，审慎对待每一个环节，做到既尊重规则又不失自我保护。

（4）面对就业权益遭受侵犯的情形，大学生须学会运用法律手段捍卫自身利益。当遭遇侵权行为时，应及时向相关部门（如上级主管机关和所在院校）反映，并寻求其权威处理意见；同时，亦可选择向当地劳动争议仲裁委员会申请调解仲裁，甚至诉诸人民法院，通过法律途径解决纠纷，以切实保障自身合法权益不受侵犯。❶

---

❶ 苗青:《新时代外语外贸院校大学生职业生涯规划与发展》，九州出版社，2021。

第七章 大学生创业实践教育

第一节 大学生创业教育的体系

大学生的创业对于整个社会来说,依然是一个较新的课题,需要全社会和高校对大学生创业实践的指导进行深入探索。高校在实施大学生创业教育过程中,也缺乏有效的模式和完整的理论及方法体系。同时,大学生的创业活动依然具有很大的可实现空间,也会推动高校针对大学生创业教育进行探索。

一、大学生创业教育指导思想和基本原则

大学生创业教育体系的建设,需要高校能够结合政府部门的创业支持政策和社会的创业环境,按照一定的思想和方法形成教育体系。在教育体系中,需要完善各类要素之间的协同作用,发挥政府、社会和学校的协同作用,发挥高校在教育、科研方面的优势,帮助大学生找到创业的方向。创业教育还需要教师和大学生积极参与其中,激发大学生创业的主动性,围绕大学生在创业中的需求来构建指导环境。

(一)指导思想

大学生是社会的一个特殊群体,是指正在接受或者已经接受大学教育的人。他们是社会新技术、新思想的前沿群体,是我国社会主义事业的建设者和接班

人。构建科学合理的大学生创业教育体系，不仅有助于提升高校就业创业教育的水平，提高大学生的培养质量，还有利于在全社会形成浓厚的创业氛围，促进创新型国家的建设。

构建大学生创业教育体系的指导思想是坚守立德树人的核心使命，始终坚持以提升人才培养质量为核心，尤其重视培育大学生的创新思维、创业魄力及创新创业能力。着眼全局，致力于创新人才培育机制，依托完善的设施条件和政策保障体系，巧妙融合系统工程、管理学、教育学、人力资源开发、社会学以及公共政策学等多学科的理论与实践方法。从学校教育、政府引导到社会支持三个维度，精心构筑一套既符合中国国情又具有中国特色的创业教育体系，以期推动高等教育深度融入科技、经济与社会发展的洪流之中。在此过程中，将加速锻造一支规模宏大、充满创新精神、敢于付诸实践的创新创业人才队伍，持续增强高等教育在促进经济增长、推动深化改革方面的积极作用。

(二) 基本原则

在构建我国大学生创业教育体系的过程中，必须保证其科学性、合理性和可持续性。这需要遵循六个方面的原则，即系统性原则、导向性原则、全程化原则、前瞻性原则、操作性原则和适合国情原则。

1. 系统性原则

在现实生活中，影响大学生创业教育的外在要素和内在要素较多。因此，在构建大学生创业教育体系的过程中，需要对影响大学生创业教育的各类要素进行系统分析，综合考虑这些要素之间的关系，使得这些要素之间相互协同、相互促进、汇聚合力，综合发挥整体功能，构建全社会关注并助力就业创业教育和学生创新实践的优质生态环境。

2. 导向性原则

大学生创业教育体系不仅要有利于形成促进大学生创业的政策环境、教育环境和社会环境，而且能够有效调动社会各方力量参与其中，尤其是引导社会资金支持大学生创业，为大学生开展创业活动创造良好的外在环境和内在环境，有效提升大学生的创业成功率和创业质量。

3. 全程化原则

近年来，国务院与教育部已连续出台一系列关于就业创业教育的纲领性文件，明确强调应将就业创业教育覆盖全体学生，并将其深度融入人才培养全过程，以期实现大学生就业创业教育的有效提升，构建"全员化"的政策引导体系。因此，必须将就业创业教育正式纳入教学的核心环节，贯穿于人才培养全过程，尤其重视其普遍性和广泛渗透性。

4. 前瞻性原则

面对经济社会的发展态势与高等教育改革的新潮流，大学生创业教育体系需紧跟步伐，深度剖析大学生创业实践中遭遇的实际挑战，并在持续提炼崭新经验的基础上，精准施策，推动创新。同时，在大学生创业教育支持体系构建过程中，要注重长期性和战略性，形成规范完善、科学合理的教育体系。

5. 操作性原则

高校大学生创业教育的实现，需要具有可操作性。首先，创业教育不能只停留在创业的知识理论上，而是要对大学生提供实践指导，让大学生能够掌握创业的方法。其次，要吸收社会中的创业实践经验，让大学生能够得到社会中创业者的指导。最后，高校应结合创新活动，帮助大学生建立创业项目，结合项目来创造创业条件。

6. 适合国情原则

大学生的创业活动需要符合我国经济和社会的发展情况。高校在建立创业教育的课程体系时，对于其他国家理论和经验的借用也要考虑实际情况。一是创业教育的内容要符合我国鼓励大学生创业的政策环境，让大学生掌握创业的机遇。二是应结合我国各地产业发展、创新发展情况，让大学生在学校中的创新创业实践能够用于社会，服务经济发展。

二、大学生创业教育的基本框架和内容

(一) 创业教育的基本框架

目前，高校在建立创业教育的基本框架过程中，已经从理论和学科角度形成了一定成果。但这些成果在大学生创业的实际应用方面还存在着很大的不适应性，难以对大学生产生实际的指导作用。一是许多高校提出的大学生创业对策停留在理论上的研究，缺乏实践意义。二是高校在创业教育研究上缺少与社会的关联性，难以在具体的行业中产生作用。

因此，要全面提升大学生就业创业教育的质量与成效，须集结政府、社会等多元创业教育资源，实现全方位的整合与利用，倡导开放协作，推动全员参与，共同构筑一个积极支持就业创业教育及学生创新创业的良好社会生态环境。

由此可见，大学生创业教育的实施是一项复杂的社会系统工程，涉及多个组织(高校、政府、社会、家庭等)和多个要素(政策、制度、师资、资金等)，这要求我们不能只从一个视角去考虑，必须系统思考，顶层设计，统筹谋划，才能推动大学生创业教育的有效、持续开展。

(二) 创业教育的主体

大学生的创业教育应实现多个主体的协同，要让学校、政府、社会和家庭在大学生的创业教育中体现联动性。一是高校要在创业教育中发挥主要作用，加强创业教育体系建设，推动全校大学生创业活动的开展。二是政府应通过社会环境、经济环境和政策环境，为大学生提供创业的外部环境，要为大学生创业项目提供政策支持。三是社会中的企业要成为大学生创业教育的支持者，一方面要将社会人员的创业经验向高校传播；另一方面借助社会中的孵化器、创

业园建设，给大学生的创业提供实际支持。四是家庭应成为大学生创业意识成长的必要环境，要在家庭的支持下，让大学生勇于参加创业。

1. 高校——大学生创业教育实施主体

高校在推动大学生创业教育中扮演着核心角色，应以深化就业创业教育改革为战略支点，着力转变并刷新教育理念，积极构建先进就业创业教育观，从而对人才培养机制实现创新突破，并对创新创业人才的培养目标做出精准定位。在此，高校需进一步明晰就业创业教育的高标准要求，紧密结合实际需求，构建科学的专业教学质量评价体系。将创新精神、创业意识以及创新创业能力纳入人才培养质量的核心评价指标，旨在重点强化大学生在这三个维度上的素质养成与能力提升。强化创新创业实践教学，推进教学、科研、实践紧密结合，推进就业创业教育与专业教育的深度融合，切实将就业创业教育贯穿人才培养全过程。

2. 政府——大学生创业教育环境创建主体

政府作为大学生创业活动的引导者和推动者，在大学生创业教育中发挥着非常重要的作用，是大学生创业教育环境创建主体。一方面，政府有关部门，例如各级教育主管部门(教育部、教育厅或教育局等)，是大学生创业教育的主要管理机构，在推动大学生创业教育中承担着管理、引导及监督的工作；另一方面，政府在创业环境的营造中发挥着主体作用。政府的核心工作聚焦于构建优质的创业创新生态体系，致力于培育涵盖人才、资本、技术及信息在内的多元创新要素，旨在优化市场资源配置，助力大学生群体更高效地投身创新创业实践，从而将创新创业切实转化为驱动经济增长的新动力与推动转型发展的新引擎。

3. 社会相关组织——大学生创业教育协助主体

社会中的各类组织都能够在大学生创业活动中发挥相关作用，其中包括金融机构、服务机构、企业、孵化园机构和其他社会团体等。社会机构要与高校实现协同，才能在大学生创业教育和创业活动中提供更准确的服务，社会中存在的生产要素、市场要素、创业信息和资金等，能够为大学生创业提供有力支持。一是大学生在面临融资等方面的问题时，应得到银行的支持。目前，各类商业银行都能够为创业活动提供贷款支持，为大学生创业提供了根本保障。二是企业机构的主要作用是能够为大学生提供创业实践的条件，在高校的带领下，应多与企业机构开展合作，让大学生在企业中学习管理和生产经验。三是本地所建立的孵化器、创业园等具有支持大学生创业的先天条件，这些平台能够从共享设备、共享基地和信息技术服务等方面给创新项目提供服务保障。

4. 家庭——大学生创业教育配合主体

大学生在成长过程中，家庭起到了关键的教育作用。家庭环境能够影响大学生身心健康的发展，并在大学生树立人生发展道路上产生更加深刻的影响。许多大学生之所以能够形成创业意识，主要也是受到家庭环境的影响。因此，在大学生创业教育的协同发展过程中，家庭要发挥关键作用。一是家长要关注社会的经济发展情况，能够帮助大学生收集创业信息，要将自己的社会经验传播给大学生。二是家长要了解当前的就业形势和高校教育情况，积极改善家庭教育的思想。三是在大学生创业活动中，家长应对大学生提供更多的支持。

（二）创业教育体系的层次

大学生创业教育需要在多元主体的协同下，让大学生创业教育的各个层次都能产生作用。要让高校、政府、社会和家庭主体在教育策略和方向上保持一致，实现教育资源和信息的共享。高校是对大学生进行教育的主要力量，在创业教育中应承担体系建设的主要部分，要让创业教育形成高校的内部体系和外部协同体系两个层次。

高校全程多维创业教育体系（高校内部创业教育体系）包含两个方面：一是

"全程",将就业创业教育贯穿学生学业的全程,自新生入学起直至毕业离校,无缝衔接至学生职业生涯的各个阶段,并将其深度融入专业教育之中。二是"多维",即从创业教育的"目标体系、组织体系、制度体系、课程体系、师资体系、实践体系、服务体系、评价体系"等多个维度系统思考、科学谋划,整体推进创新创业人才培养。

高校外部三元协作支撑体系(高校创业教育外部支撑体系),就是政府、社会、家庭三元联动,积极协作,为大学生创业教育及创业提供强有力的外部支持,这主要包括政府加强引导和保障创业教育开展、社会不断优化大学生创业的外部环境、家庭创造良好的创业教育氛围和条件。

三、高校全程多维创业教育体系建设

高校在教育改革过程中,要围绕创新驱动的基本策略,加大创新人才的培养力度,只有让大学生具有创新能力,积极参与到创业活动中,社会中的创新动力才能得到激发。高校要立足于教育改革的前沿,通过教育思想转变、教学体系的转变,针对大学生适应社会、成长为创新人才的问题,进行创业教育的探索。创业教育在大学生成长过程中也具有全局性和全程性,需要高校在大学生入学过程中到毕业过程中,能够提供全面的创业教育。

高校全程多维创业教育体系主要包括创业教育的目标体系、组织体系、制度体系、课程体系、师资体系、实践体系等。下面进行深入阐述。

(一)创业教育目标体系

当前,社会对于大学生创业教育的理念与目标认知尚存较大分歧。因此,准确而全面地把握创业教育的本质及其目标,对于廓清理论误区、凝聚共识至关重要,进而有力推动创业教育在实践中的健康有序发展。

创业教育的核心目标是对创业教育成果设定全面且严谨的标准与要求,这

一目标构成了创业教育课程设计与评价体系的基石。无论是教学内容的选择、教学方式的确立，还是教学手段的应用，皆以此终极目标为导向，展现出现代性、综合性、实践性和多维度等特点。高校在创业教育目标的设置上分为三类，即共性目标、个性目标及阶段目标。

1. 创业教育的共性目标

创业教育的核心宗旨在于设定并实现其既定的目标与标准。高校创业教育的主要目标是让大学生形成创业意识和能力，能够结合创业活动进行知识和技能的学习。高校在形成创业教育内容过程中，需要对创业的流程、创业政策和相关环境进行探究，形成可以进行教学的课程体系。同时，结合大学生创业过程中产生的共性需求，关注大学生创新能力、职业道德、心理健康等方面的发展。要让大学生在创业之前，形成良好的社会适应力和社会责任感，树立为社会服务的理想信念。

2. 创业教育的个性目标

现代教育理念深深植根于以人为本的核心，视人格全面发展为创新精神与创造力的基石。我们尊崇个体的独特性，理性面对人的多元差异，并积极激励其个性化发展，以满足各层次与标准的人才需求。

基于现代教育理念和创业教育的不同功能及大学生接受教育的目标，我们将创业教育简单分为"创业启蒙""创业基础""创业专业"三个层次，不同层次的高校，可结合校情及大学生的需求，设置相应的教学内容。

（1）创业启蒙教育是对大学生进行的创业意识和创业知识教育。这个阶段的教学需要以基础的知识和技能为主，重视大学生在思想认识上的提升。要让大学生了解企业在市场经济发展中的作用，了解与本专业相关的行业发展情况，逐渐认识到大学生创业意识形成的重要意义。

（2）创业基础教育主要是对创业过程中的具体技能和流程进行培训。高校在教学过程中，要针对创业流程中的具体细节对大学生进行培训，包括创业计划书的制作、创业中面临的各类问题和解决途径、创业中要养成的团队管理能力等。

（3）创业专业教育主要是从创新创业的角度对大学生进行深入教育。这个阶段的教育主要是从创新创业活动方面来培养大学生的能力，鼓励大学生深入社会实践，提高社会能力，寻找创业机遇。教学活动要同实践活动结合起来，鼓励大学生进行创业项目的试验和孵化，为大学生参与创业大赛和实际的创业活动提供支持。

3. 创业教育的阶段目标

创业教育应遵循因材施教的原则，针对大学生所处的不同年级与阶段特性，学校需量身定制差异化的创业教育目标。以本科四年制教育为例，下文将进一步阐述此观点。

大学一年级的创业教育主要目标是培养学生的创业意识。在新生入学阶段，大学将开展创业启蒙教育，旨在激发大学生自主创新的主观能动性，引导他们树立严谨务实的创业态度和正确的价值观，进而明晰创业目标与深远意义。

大学二年级阶段的创业教育核心旨在积累创业知识及强化创业心理素质培养。当大学生步入二年级，高校应积极引导其深入学习与精通专业课程知识与技能，从而为未来的创业之路构筑稳固基石。

大学三年级创业教育的核心旨在引导学生熟练掌握并运用切实可行的创业模式与方法。大学生进入三年级后，开展的创业教育要使他们熟悉常规的创业模式及创业流程，了解如何识别市场机会；如何建立创业团队；如何撰写创业计划、寻找资金支持；如何设立新创企业、管理新创企业等。

大学四年级的创业教育目标是锻炼学生的创业能力。大学生进入四年级后，要进入社会、企业、创业实践基地，并将所学的创业知识、创业技能及创业方法运用到实践中,提升自身的创业能力。

此外,大学应依据学生的专业特点、就业意向及个体特质,精准实施创业教育。对于怀抱创业热情、富有创新精神的学生群体,创业教育应作为核心聚焦点;而针对较为传统保守的大学生,则应借助创业教育来全面提升其综合素质,以便更好地适应未来职场需求。

(二)创业教育组织体系

高校在进行创业教育时,应完善学校内部的组织管理要素,形成大学生创业教育服务的机制。要改变多个部门互相独立、协同性差的问题,加强职能协作和信息交流,建立组织保障机制,并为创业教育建立一体化决策和发展的机制。

1. 健全校级组织机构

大学将组建校级创业教育工作领导团队,作为统筹全校创业教育事务的核心权威机构,全面负责规划协调全校创业教育体系构建,并为大学生量身定制创业教育实施方案与执行计划。该团队还将对全校范围内的创业教育工作以及下属各级创业教育组织和活动实行高层次的宏观管理和有效监督。同时,在校创业教育工作领导小组设立相应的下属机构,包括大学生创业教育中心、大学生创业指导与服务中心、大学生创业社团管理办公室、大学生创业教育研究中心。

将学校创业教育事务分工到不同的专门机构负责,形成以创业教育领导小组为核心的创业教育组织管理体系。其中,大学生创业教育中心主要负责制订和实施创业教育课程计划,以及创业师资的建设工作;大学生创业指导和服务中心主要负责为大学生创业者提供政策咨询、信息查询、创业项目申报、实践基地建设、法律支持以及对外拓展和联系等工作;大学生创业社团管理办公室主要负责建设学生创业社团组织,并指导其开展各类创业实践活动;大学生创业教育研究中心主要负责大学生创业及创业教育的理论和实践研究工作，使其可以更好地指导创业教育的开展。

2. 完善院级组织机构

在成立校创业教育工作领导小组的同时，各高校应成立院（系）创业教育工作领导小组，各学院（系）结合院情及所设专业培养目标，明确本院（系）开展大学生创业教育的指导思想，实施目标要求，强化创业创新教育保障机制。提升创业创新教育工作水平，努力提高创业指导及服务水平。

另外，有条件的高校可以成立创业教育学院，整合全校的创业教育资源，统筹管理全校的大学生创业教育工作，负责大学生创业工作的实施和大学生创业的日常管理工作。

(三) 创业教育制度体系

大学生创业教育制度是指高等院校在开展大学生创业教育过程中遵守的规定和准则的总称，是高校创业教育活动的体制保障。成功的创业教育背后一定有着一套健全的管理制度在规范地执行。大学生创业教育体系涵盖了从国家至地方各级政府出台的激励或规定高校实施创业教育的政策意见与实施方案，以及各高等院校据此制定的具有针对性的制度细则。在此，我们仅从高等院校层面探讨如何健全创业教育的有关制度体系。

目前，我国高校创业教育体系构建尚存在多方面不足，核心问题体现在创业教育理念薄弱、制度内涵贫乏。众多高校自身的教育机制与管理体制深藏弊端，在此种背景下，构建并推行有效的创业教育体系实属不易。"无规矩不成方圆"，下文结合国内大多数高校创业教育的实际情况，健全相关制度体系，细化创业教育制度内容，从制度上为大学生创业教育的开展提供坚强保证。

1. 制定大学生创业教育的整体规划

近年来，我国政府针对大学生创业教育制定了一系列的指导性文件，各高校也出台了一些助推大学生创业教育的制度，但在大学生创业教育的开展方面，引导得还不够，因此，各高校在大学生创业教育的实施上应抓紧制定宏观性的整体规划，进行顶层设计。

2. 制定针对创业大学生的学籍及学分管理办法

对于在校创业的学生，学校可以适当延长其在校年限（例如，延期2～5年毕业），待其学分修满以后颁发毕业证和学位证；对于休学创业的学生，学校可在规定时间内为其保留学籍，学生在修满了学分并通过相应的考试之后，可以获得相应学位；对于积极创业并做出一定成效的学生，学校可给予相应的精神奖励和物质奖励，并给予一定的实践学分，使其保持创业的激情。

3. 建立大学生创业导师制度

大学生在创业过程中，会遇到许多困惑和难题，需要相关创业专家的帮助。因此，高校可以建立大学生创业导师制度，创业导师可以根据大学生创业过程的阶段特点，进行针对性指导。这样可以有效减少大学生的创业成本，提高大学生的创业效率和创业成功率。

4. 设立大学生创业基金

高校可以与校友联合或与企业联合，在校内设立大学生创业基金，健全大学生创业项目申报和经费支持的有关制度。一方面，对于在"挑战杯"中国大学生创业计划竞赛中的具有可行性的创业计划提供启动资金；另一方面，激励怀揣创业梦想的在校学生积极申请创业启动资金，并在经过专业创业导师的严谨评审后，为其提供精准匹配的资助支持。

5. 加强大学生创业教育的经费保障

高校要切实加大对大学生创业教育工作和科研工作的投入，在经费方面提供充分保证。一方面，大学应在其年度财政预算中划拨专门的大学生创业教育资金，用以支持涵盖创业教育、创业咨询、创业技能培训及师资交流等一系列活动，确保大学生创业教育的高效实施。同时，各高校应主动对接地方政府，积极争取专项拨款，并充分挖掘和利用现有创业教育资源，积极申报各类创业教育项目，以获取更丰富的资助机会。另一方面，高校应加强创业教育的研究工作。我国大学生创业教育尚处于发展过程中，大学生创业教育的理论研究还比较薄弱，导致我国创业教育的理念与创业教育的模式等还处在模仿和引进的阶段。因此，高校应加大投入，设立相应的研究项目和研究基金，大力支持教师开展创业教育的理论研究，使其取得适合中国国情的科研成果，更好地指导我国大学生创业教育的开展。

（四）创业教育课程体系

当前，我国众多高校已纷纷设立了创业教育课程，然而在课程设计上普遍存在单一化、体系不健全以及层级划分不足的问题。因此，高校亟须强化创业教育课程体系建设，构建一套科学严谨且结构完善的课程框架。同时，应当激励教师及教学团队积极推动教学改革，革新教学手段与策略，尤其重视将理念引导、知识传授与技能培养三者紧密结合，以实现教育效果的最大化。

1. 全方位开展创业教育课程建设

课程建设是高校有效开展创业教育的核心步骤。我国高校在创业课程设置上可以借鉴国外有成功经验的学校，如美国、英国等高校，但不能"全盘复制"，要注意在课程设置中结合我国国情以及在校大学生的实际状况，因地制宜，形成一套较为科学的创业教育课程体系。

值得强调的是，在具体课程的设置上，高校应根据自身的实际状况，结合本校学生的特点以及不同专业的具体情况，有选择地开设不同的必修课和选修课，并注意课程之间的衔接，以及理论课程与实践课程的有机结合。同时，还应根据学生的反馈情况和专家的建议进行适当调整，以保障课程体系的科学性和规范性。

2. 改变传统教学模式，创新教学方法

我国高校的传统教学模式以教师课程讲授、学生被动接受为主，这样的教学形式很难激发学生的学习兴趣，不利于开发学生的主动思维能力和积极的自主创新能力。而在大学生创业教育过程中，需要激发学生的创业兴趣，激活学生的创新创业潜能，增强学生的创新创业意识，培养学生的创新精神和创业素养。显然，采用传统的教育模式不能满足大学生创业教育的教学要求。因此，在大学创业教育体系中，至关重要的是对传统教学模式进行革新，巧妙地将互动教学、情景模拟、案例研究及模拟实训等多元教学法融入常规课堂教学，实现对学生观念启蒙、知识灌输与技能磨砺的一体化培育；同时，应将"第一课堂"与"第二课堂"充分结合起来，有效提升大学生的实际管理能力以及应对复杂问题的处理能力。

(五) 创业教育师资体系

创业教育师资队伍是影响高校创业教育能否成功开展的关键。创业教育既涉及创业理论知识，也涉及创业技能等实践知识；同时，不同专业的创业领域不完全相同，这导致创业教育需要多学科的综合性能力。目前，我国高校从事创业教育的教师大多属于管理学科的专任教师或负责学生管理工作的教师，他们的创业知识和实践经验都不足，专业性也不强。因此，高校应加强专业化的创业教育师资队伍建设，这可以从以下三个方面着手：

1. 严格规范招聘程序

高校在组建创业师资队伍时，应该严格规范招聘程序，寻找真正符合创业教育要求的教师。在招聘中，除了考察应聘者的课堂讲授能力外，还要重点考察其创业实践能力。另外，从事创业教育的教师要给学生讲授实践课程，指导学生外出参与创业项目，或帮助学生进入企业实践等，因此这些教师还需要具备吃苦耐劳、艰苦奋斗的精神和不怕困难、迎难而上的意志品质。

2. 开展创业教育培训

高校在创业教育中面临的一大问题是许多创业指导教师缺乏创业的经验，在创业教育中的理论和方法都存在不足。为此，高校应该针对教师群体开展创业教育方面的培训，鼓励教师能够通过自我学习，提高对创业活动的认知。同时，要通过培训活动，让教师能够更多地参与企业的实践活动，不断积累企业创业经验，让教师成为能够将理论和实践结合起来的群体。在培训过程中，高校应从社会中聘请具有创业经验的人才，让他们成为指导教师创业能力的培训人员。

对教师开展创业教育培训，还需要加强对辅导员的培训。许多辅导员在工作当中缺少创业方面的意识和能力，因而对大学生产生的创业教育作用不足。同时，辅导员与大学生的关系更为紧密，能够与大学生进行更多的交流，因此在培养大学生创新创业意识方面需要产生更大的作用。高校应在创业培训机制中，对辅导员群体开展专门的培训，要让他们能够形成创业指导的能力，在大学生面临创业问题时，能够对大学生提供一对一的帮助。

3. 邀请相关专家兼职

在构建创业教育的师资体系过程中，高校要发挥协同育人的作用，让社会中的创业专家能够提供学生直接的指导。其中，社会中的创业者、企业管理人员、投资人员等都有能力在大学生创业教育中发挥作用。这些人员应该针对各自的领域，结合大学生创业过程中需要解决的问题，为大学生提供可行性的指导。高校应通过专题讲座、项目指导和创业实践活动，让这些专门人员能够参与到大学生的学习中，让大学生能够学习新的技能和经验。

4. 调动教师的积极性

高校在创业教育中，应充分调动教师参与的积极性，让教师在本专业的基础上，积极投身于对大学生创业的研究，带领大学生参与社会实践。高校要从本校的实际情况出发，充分分析社会中的创业活动情况，为大学生的创业提供方向上的指导。要从学校教师情况和社会发展情况出发，提高教师参与创业教育的积极性。一方面，要让教师在各个学科的教学中融合创业教育的内容，让学科教育同社会中的相关行业发展紧密联系起来，让学生能够学习到新的创业信息。另一方面，通过政策激励，让教师参与实践教学，通过带领学生参加社会实践等方式，使创业教育更具有实效性。

(六) 创业教育实践体系

创业教育实践体系对于提升创业教育成效至关重要。相较于传统的课堂教学模式，该体系针对创业素质培育中所遭遇的特殊情境，依据各阶段教学内容的差异，采取灵活且多元的形式，旨在激发学生们的创新思维，点燃其对创业实践的热忱，增强其学习兴趣，并在潜移默化中提升他们的自主性和创新精神。

1. 组织创业实践教学

高校中开展大学生创业实践是创业教育的核心部分，要求教师和学生能够将理论课程与实践课程结合起来，让大学生通过创新活动和创业活动的开展，锻炼创业能力，积累创业经验。创业实践教学是大学生参与社会实践活动的一部分，对大学生未来的职业发展具有重要意义。

做好创业实践教学，需要高校从以下方面入手：

第一，要在学校的组织下，积极开展体验教学。其中包括围绕大学生的创业实践，在校园内外进行模拟创业和创业项目试验。通过这部分的教学，让大学生能够充分了解企业运作的情况，积累创业过程中的各项技能。

第二，教师要带领学生参与创新、科研活动。高校有许多与创新创业相关的课题，要让大学生能够参与其中，在教师的带领下形成科研成果，促进科技成果的转化。

第三，为学生创业活动提供条件。许多大学生在学习期间已经形成创业项目，并开始组建创业团队。在这个过程中，高校要对大学生提供必要的支持，包括让教师和专家能够对大学生的实践活动提供指导，帮助大学生解决创业过程中的问题。

2. 搭建创业项目平台

全民创新创业活动的开展，需要政府、社会和高校能够为创业者建立项目服务平台，使各类新兴的项目和企业能够经历一个孵化过程，才更有利于创业活动的成功。目前，我国各地在产业发展中形成的创业园和孵化园正是为了培育新的产业和企业、提高社会创新效能而建立的。高校在创业教育过程中，也需要重视创业孵化园的作用。一方面，可以通过校办的创业园为大学生提供更多支持；另一方面，应结合本地区的重点孵化平台，让大学生创业项目能够吸收本地的创业资源，在政府和社会的帮助下走向正轨。

3. 鼓励学生成立相关社团组织

高校在校园文化活动体系建设中，应增加创业教育的内容。应以学生社团为基础，培育多种形式的学生创新、创业社团，让学生能够自发地进行学习和探索。高校应该在学生工作方面对创新创业相关的社团提供支持，其中包括活动经费、场地、专家指导队伍等的支持。如模拟企业家协会、职业发展联合会、创业俱乐部等，促进不同专业学生之间开展创业知识和经验的交流。同时，选择具有创业经验的教师或企业家对这些社团的日常活动进行指导，避免社团工作的随意性和盲目性，使这些社团组织在大学生创业活动中发挥积极作用。高校在条件允许的情况下，应在场地、经费上支持这些社团开展活动，为其提供后勤保障。

4. 组织假期创业实践

假期创业实践是大学推行的一种教育模式，旨在鼓励在校大学生利用寒暑假时间，自主或在学校指导下开展多元化的创业实践活动。校方会积极组织并支持学生组建假期创业团队，为投身暑期创业实践的学生提供全方位的指导与协助。在这个过程中，学生们有机会挑战高难度且富有特色的实践项目，如与非营利组织、企业及政府部门联手，引领创业团队深入挖掘市场潜力，撰写翔实可行的创业计划书，进行严谨的市场调研，并付诸实践，如创办企业、拓展市场、寻求风险投资等实战演练。同时，对于初次尝试创业的学生，也可选择参与一些入门级的创业项目，如产品营销推广、开设辅导培训班、经营网络店铺、策划商品促销活动等，以此逐步积累宝贵的创业实践经验。通过假期创业实践，学生们不仅能提升自身的创业意识，更能锻炼商业运作技巧和高效组织能力。而在假期结束后，举办创业经验分享交流会，让参与者们共享心得体会，将进一步放大假期创业实践的示范效果，使得每一次实践的成果都能产生更深远的影响。

第二节　大学生创业教育的协作

大学生创业教育是具有相对独立功能和地位的教育体系，它的实施是一项复杂而庞大的系统教育工程，需要各种资源的整合、各方力量的共同努力，即不仅需要高校的推动，还需要政府的引导、社会的支持以及家庭的积极配合。下面进行深入阐述。

一、政府加强引导和保障创业教育的开展

在推动大学生创业教育的实践中，政府扮演了举足轻重的角色，核心职能在于规划并推行大学生创业教育方案，提供必要的创业指导与资金支持，并积极构建有利于创业的良好环境。倘若缺乏政府有力的政策架构与配套举措作为

支撑，大学生创业教育或将流于表面形式，难以收获实质性成果。为了促进大学生创业教育在我国的进一步深入开展，政府需要强化服务意识，进一步加强对大学生创业教育的引导和保障，为大学生创业提供更为良好的环境。

(一) 制定大学生创业教育的整体规划

高校要将教育、科研、学生工作和大学生创业教育工作整合起来，按照学校的统一规划和领导，做好大学生创业教育的整体规划。按照统一领导和规划的要求，应协调各个学院、专业和主管部门，集中要素和资源，为大学生创业教育工作提供支持。要加强教师指导队伍的建设，加强与政府、企业的联系，形成协同创业教育的机制。

(二) 设立专门负责大学生创业教育的机构

目前，我国负责创业管理和服务的部门比较多，为大学生的学术创业（包括知识转化和技术转化）提供了强有力的支持，从而有效地激励和扶持大学生创业，提高了大学生创业的成功率。

同时，教育部可创设"创业教育专业指导委员会"，或构建一个专注于创业教育研究的专业机构。该机构将积极联动科研院所、社会组织、企业精英及各大高校，全面铺开创业教育的学科体系建构、理论深度探索、学术期刊创办、课程创新设计、教材编纂修订、教学质量评估、教学过程督导、师资力量培养以及咨询服务等一系列工作，以保障我国大学生创业教育的健康发展和规范运行。

(三) 提升政务服务水平，优化创业政务环境

我国政府行政办事体系较为复杂，创业需要办理的手续繁杂，这给大学生创业者带来不少困难，在一定程度上挫伤了他们创业的积极性。因此，政府应不断提升政务服务水平，优化创业政务环境。

1. 加快推进电子政务

以建设服务型政府为目标，加快推进电子政务，加大推进"互联网＋政务

服务"工作。各级政府应破除信息孤岛，搭建一体化的在线政务服务平台，囊括政务信息公开、行政审批、政务服务、公共便民服务、公共资源交易以及投资项目审批监管等多元功能，旨在构建一套运作高效、协调有序、行为准则明确的行政服务体系，确保行政审批部门及流程全面实现网络化覆盖。

2.加强政策落实的督查检查工作

建立健全内部监督机制，明确各层级监督责任，强化行政效能监察，确保督查落实，健全创业者的跟踪服务体系，随时监督创业政策的落实情况，倾听创业者的反馈意见，坚决杜绝"有政策、没细则；有细则、无落实"现象，在狠抓政策落实上下功夫，切实为创业者营造良好的创业环境。

(四) 强化政策扶持引导，进一步优化创业政策环境

大学生在接受创业教育和参与创业活动过程中，无法完全适应市场的竞争环境，而是需要在政府的政策支持下得到培育。在开展大学生创业教育的过程中，政府应在金融、财税等环境上提供更多支持，帮助高校和大学生解决实际困难，加强对中小企业和创新项目的保护。

1.完善创业政策体系，并保证其规范性和连续性

目前制定的有关大学生创业的政策尚存在许多不足之处，如创业政策的系统性不足、规范性不够、限定条件多、门槛高、务实性欠缺等，从而难以落到实处，创业者很难享受到这些优惠政策。

我们深知，创业政策牵涉财政、人事、教育、金融、外事、规划及科技等多个领域，因此亟须各相关部门强化沟通协作，系统整合部门间资源，以提升工作的一致性、协调性和联动效能。充分发挥不同部门的合力效应，对现有的创业政策进行梳理、整合和规范，在此基础上，积极建立各层级的政策体系——国家创业政策体系、区域创业政策体系和地方创业政策体系，使其更加全面、有序、系统、科学和连贯。同时，制定更具有操作性的实施细则，减少政策执

行的随意性和盲目性，确保政策的一致连贯性和可操作性，以利于创业政策能落到实处、见到实效，这样才能为创业者所用，发挥其积极的作用。

2. 加强相关法律法规建设，规范创业管理与服务

政府部门在促进地方经济发展过程中，要通过法律法规的调节，加强对社会创新创业活动的支持和保护，让创业者能够按照正确的方向参与市场活动。在保障大学生创新创业权益方面，各地政府应通过政策调节手段来进行，要规范大学生创业过程中的市场环境，增强对中小微企业的扶持。同时，要对市场中的金融贷款、项目合作、市场经营行为等作出规范，打击各个行业中存在的不正当竞争和非法经营活动，创造有序的市场环境。

3. 建立健全创业失败保障制度

在全球范围内，大学生创业成功率偏低是一种常态。当前，我国经济发展的道路正遭受严峻的考验。部分大学生初创企业存在自身抵御风险能力薄弱、经营管理欠佳等问题，致使在市场上遭受挫败乃至失败的比例呈上升趋势。在激励大学生投身创业大潮的同时，亟须采取一系列积极且行之有效的预防措施，为他们构筑一道安全屏障，以消除其对创业失败后可能面临的困难的忧虑。

二、社会不断优化大学生创业的外部环境

大学生在创业教育和创业活动中的社会环境，主要是指由市场带来的服务环境和社会文化环境。其中包括各类孵化平台、服务平台对创业者提供的支持，各类专家对大学生的指导等。

(一) 社会相关组织积极参与大学生创业教育

目前，高校在大学生创业教育过程中，存在师资力量和教育资源不足的问题。要想解决这些问题，高校应从社会中吸收更多的资源，让社会相关组织能够进入校园，共同建立大学生创业教育中心。一是要让社会组织提供导师人才，

为大学生提供实际的创业技能和经验，通过案例教学提高大学生的创业能力。二是针对大学生创业中出现的企业发展、管理、融资和经营等方面的问题，由社会组织提供专门的服务。三是高校要与社会中的孵化园、创业基地开展合作，让一些较为成熟的大学生创业项目得到这些平台的扶持。

（二）社会人士积极参与大学生创业教育

高校应聘请社会中的专家人才对大学生进行创业教育指导。一是要由专家和学者团队为高校建立创业教育的体系提供建议，帮助高校建立创业教育机制，完善课程改革内容。二是由社会中的创业者、企业管理者等成为创业教育中的导师，通过讲座、项目指导等方式给大学生提供直接的帮助。

（三）积极提供创业社会支持，构建大学生创业平台

社会各界（企业、相关中介机构、社会团体或协会）增强对社会事务的敏感度，担负起自身的社会责任，积极参与大学生创业，为大学生创业创造有利条件。

1. 加大资金支持力度

大学生在创业过程中，难免会遇到资金不足的问题。资金问题应该由社会中的金融机构和企业提供支持。一是金融机构要对大学生的创业活动提供支持，要简化贷款流程、提供低息贷款，放宽大学生创业贷款的条件。二是各类投资机构应针对大学生的创业提供天使投资，对于一些具有发展前景的项目能够进行投资。

2. 提供创业实践基地

企业是市场活动中最为重要的社会机构，在大学生实践过程中应起到重要作用。高校在与企业的合作中，应同企业共建大学生的实践基地，让大学生能够通过实习和实训，锻炼创业能力，积累企业管理的经验。企业参与大学生创业教育，一方面能够体现企业在社会中的责任，帮助企业树立品牌形象；另一

方面能充分利用高校的创新资源，为企业的发展提供帮助。

3.提供培训和咨询服务

大学生创业是在自身并不熟悉的社会里独立做出一份自己的事业，要得到社会的认可，是非常困难的。社会应健全相应的组织体系，积极为大学生创业者提供管理培训、信息咨询、市场指导、跟踪调研等服务。一方面，可以使大学生掌握更多的创业知识和技能，增强创业的信心；另一方面，可以使大学生尽快熟悉创业环境，知晓创业政策，了解行业发展的机遇和挑战，减少创业过程中的风险，提高创业的成功率。

三、家庭创造良好的创业教育氛围和条件

家庭是社会的最小组织，是社会的最基本单位，家庭对一个人的成长有着巨大的影响。目前，家长虽已认识到子女对整个家庭、家族的重要性，但还需要进一步认识到子女对于整个国家、整个社会的重要性。作为家长，要转变传统的教育思想和观念，实施正确的家庭教育方式，积极为子女创造良好的创业环境和创业条件。

(一) 树立正确的就业观和创业教育观

许多家庭在培养孩子的过程中，通常缺少科学的就业观，也缺少支持孩子创业的意识。许多家长在孩子的职业发展方面具有十分重要的影响，会倾向于让孩子选择一份离家近、较为稳定的职业。对于在创业中存在的风险，许多家长也不愿意承担。在这种情况下，许多大学生难以实现自己的创业理想，也无法形成创业意识。

目前，社会上的就业岗位有限，这就需要有能力的大学生开创自己的未来，积极投身到创业中，为自己创造工作的同时，也为他人提供就业岗位。作为家长，一方面，应该多关注时事，关注国内外的发展，多接触先进的教育思想和

理念，扩展知识结构，真正理解大学生创业教育的内涵和重要意义；另一方面，要全面认识我国的就业形势，充分了解高等教育体制改革的方向，及时转变传统的就业观念和教育观念，与时俱进，跟上当前国际和国内的形势变化。

(二) 实施正确的家庭教育方式

家庭教育主要是通过家庭环境和家长的示范作用，对大学生的人生观产生影响。家长要在大学生的成长过程中，采用正确的教育方式，让大学生能够形成独立的人格，实现身心的健康发展。

第一，家长要培养大学生的独立人格，让大学生逐渐脱离对家庭的依赖，走向独立发展的人生道路。通过家庭教育，家长要让大学生对社会形成了解，为个人的发展树立理想。

第二，家庭要在大学生创新思维和思想品质方面的形成发挥更多的作用。家长要让大学生能够对各类问题进行独立思考，从小养成探索、求知能力，敢于面对人生中的各种挑战。因而，家长在关心孩子的过程中，不应该过度溺爱，而是要培养孩子独立生活和解决问题的能力，培养孩子的坚强性格和道德品质。

第三，家长在教育子女过程中，也要实现自我教育。在面对当前大学生的就业和创业问题时，也要从社会中学习新的知识和理念，在大学生的人生规划中提供有效的帮助。

(三) 尽己所能，为子女创造有利的创业条件

家长对于大学生子女提出的创业的想法，要竭尽全力创造有利的创业条件，使其可以大胆地走向社会，以积极的姿态迎接市场的挑战。一方面，家长应对子女提出的创业项目，进行客观分析，以自己的阅历帮助子女充分认识创业项目的优劣势，必要时可以寻找相关领域的专家或相关组织机构进行可行性论证，降低子女创业失败的可能性。另一方面，家长可以积极帮助子女查阅当地政府

的相关创业政策，以获得政策上的支持，保障创业项目的顺利开展。同时，在家庭财力允许的情况下，家长可以在资金上支持子女创业，这将有利于子女创业成功。

第八章 大学生创新创业思维培养

第一节 大学生创新创业思维

一、创新思维的含义

创新思维,是一种能够运用独特且新颖的方式破解问题的思考模式,它超越了传统思维的桎梏,敢于采用非传统的甚至是逆向的视角与方法审视问题,进而提出别出心裁且富有社会价值的解决方案。拥有创新思维的人,能够挣脱常规、挑战传统,具备锐利的洞察力、直觉感知力、丰沛的想象力、前瞻性的预测力以及把握机遇的敏锐度,由此赋予其思维以超前意识和灵活应变的特性。

(一) 创新思维的本质

创新思维主要是人们采用新颖独创的方法来解决各种问题形成的思维过程和能力,是人们能够进行知识创新、技术创新的前提。创新思维的形成是人们通过学习和实践积累出来的,需要在科学、理性、感性和创意思维的基础上产生。其本质是人们能够通过实践来改变生产生活方式的能力,也是人们敢于打破常规,用新思想和新方法来解决实际问题的能力。

(二) 创新思维的特征

1. 概括性

创新思维的核心特质在于其高度的概括性。相较于感觉与知觉仅能捕捉个别事物或其单一属性，思维能够洞悉一类事物的本质，并揭示事物间的内在规律性关联。这种概括性不仅是人类构建和掌握概念的基础，更是所有科学研究启程的基石。

2. 问题性

思维总是在应对挑战，瞄准解决具体任务或破解疑难问题。当我们在实际行动中遇到新颖且不明朗的事物时，为达成目标、扫清障碍，我们必须积极认知、揭示并深入理解这些事物。

3. 创新性

创新性特质主要体现在两大维度：

（1）原创性：原创性意味着在前人与他人的成果之外独立构建，不依赖已有的规律和模式，具有不可复制的独特性。

（2）新颖性：面对全新的情境与挑战，新颖性体现为深度挖掘其内在新质，寻求前所未有的解决方案，并展现出与众不同的特质。求异创新思维并非无根之木、无源之水，而是在对事物独特性的深刻理解和把握的基础上，实现的客观创新依据。

4. 超越性

创新，是突破与超越的精髓所在。思维的本质，在于不断超越既有边界，因此催生出创新性思维这一概念，它正是对客观事物和对象实现深度跨越的关键力量。

二、创新思维的类型

创新思维的形式丰富多元，通常可归纳为以下几个主要类别。

（一）发散思维

发散思维是人们在理解事物和实践过程中形成的一种思维扩展模式，通过对单一事物的发散，帮助人们从各个角度来看待事物，从而让人们具有创新思维的能力。例如，在解决一个具体问题时，许多人会想出多种不同的方法，这些方法往往都能对解决问题产生作用。同时，同一个人在思考过程中，也会不断地从各个角度来理解问题，帮助自己找出最优解。因此，发散思维能够在很大程度上变成人们的创造性思维，让人们能够想出许多的新方法，也成为人们打破常规、实现创新的关键思维能力。

1. 发散性思维的特点

（1）流畅性。这一概念意味着思维观念能够自如流动，即在较短时间内迅速生成并表达众多创新想法，并能快速接纳与整合新的观念。它与机智紧密相连，体现了发散思维在速度和广度上的卓越特性。

（2）变通性。表现为挣脱自我设定的固有思维桎梏，以崭新的视角审视问题。这一过程需借助横向联想、跨界转换及触类旁通等手段，引导发散思维向多元方向延展，从而展现出丰富多样且全面的思考风貌。

（3）独特性。是在发散思维过程中孕育出与众不同的新颖见解与独到反应的能力，它是衡量发散思维的最高目标，是在流畅性和变通性基础上形成的发散思维的高级层次，没有发散思维的流畅性和变通性，就没有它的独特性。

（4）多感官性。发散性思维不仅局限于视觉与听觉维度，更充分调动其他感官通道获取并处理信息。此外，情感因素在发散思维中亦起着关键作用。当思维者巧妙激发兴趣、点燃热情，将信息感性化并赋予其情感色彩时，发散思维的速度与效能将得到显著提升。

2. 发散性思维的方法

（1）材料延展法：选取某一物品为核心素材，以此为创新起点，探索其多元化的应用途径。

（2）功能延展法：聚焦于某一事物的核心功能，开拓思维，构想实现这一功能的各种潜在方式。

（3）结构延展法：围绕特定事物的构造特性，发掘并设想如何巧妙运用其结构的各种可能性。

（4）形态延展法：以事物的独特形态为灵感源泉，探究如何最大化利用这种形态的多样应用场景。

（5）组合创新法：选定某一事物为创意基点，尝试将其与其他事物进行多元化组合，构建全新的事物形态。

（6）方法拓展法：立足于某种方法论，开启思维之旅，探寻利用该方法的各种潜在解决方案。

（7）因果链式思考：以某个事物的结果为思考原点，逆向推测导致此结果的各种可能因素，或者依据已知原因推演出可能产生的多维度结果。

（8）集体辐射性思维：发散思维不仅需要个体全脑投入，更可借助团队智慧的力量。通过诸如"诸葛亮会""头脑风暴"等形式的集体发散思维活动，汇聚众人之智，激发无尽创新潜力。

(二) 逆向思维

逆向思维，是一种勇于挑战常规、颠覆定论的思维方式，它鼓励我们勇于"反其道而行之"，引导思维走向矛盾面，对看似熟悉的事物或观念进行深度挖掘与反思。在面对问题时，人们通常循着事物发展的正向轨迹寻找答案，而逆向思维提倡从问题的结果出发，回溯至初始条件，通过倒推的方式探寻新的解决方案。这种从对立面深究、由结论反观已知的思考模式，往往能简化复杂问题，尤其适用于一些特殊情境，从而构建全新的理念和形象。

1. 逆向思维的特点

（1）普遍性。逆向思维植根于对立统一这一普遍法则，且该法则呈现出多元化的表现形式，故而在各个领域及各类活动中均能找到其应用的空间。每一种对立统一形态，都对应着一种独特的逆向思维视角，从而赋予了逆向思维无限丰富的形式。

（2）批判性。逆向思维与常规的正向思维相对立，正向思维通常指遵循常理、公认的做法和习惯性思维模式。逆向思维则勇于突破这些框架，敢于对传统观念发起挑战，对既定经验与习惯形成的固化认知模式进行破冰，以此超越思维定式。

（3）新颖性。固守常规的思维方式和沿袭传统方法解决问题虽易于操作，却可能导致思维固化和呆板，深陷习惯的桎梏，结果往往是得出一些习以为常的答案。然而，万物皆有多重属性，逆向思维能引领我们探寻事物鲜为人知的一面，从而挖掘出新颖独到的见解。

2.逆向思维的类型

（1）反转式逆向思维法。即通过探析已知事物的对立面，从功能、结构及因果关联等维度进行反向思索，以此开辟创新构想的新路径。

（2）转换型逆向思维法。则是在面对某一难题时，当原有解决方案受阻，适时转变策略或视角，从而巧妙破解问题。这种思维方式强调灵活变通，突破困境。

（3）缺点逆向思维法。是将事物的不足之处转化为有价值的部分，以被动变主动，不利化为有利的创新思维工具。此方法并非着眼于消除缺陷，而是巧妙地将缺陷转化为有益元素，发掘出别具一格的解决方案。

逆向思维的核心价值在于颠覆常规思考模式，以新颖独特的视角与方法来审视和处理问题。尽管遵循常规和传统方式易于操作，但易陷入思维定式，只能得出常见的答案。实际上，万物皆有多重属性，人们的认知往往受限于既往经验，对熟知的一面过度关注，而忽视了其另一面。逆向思维恰好能够突破这一局限，常常带来出乎意料的惊喜和全新的洞察。

(三) 联想思维

联想思维，乃指在人脑的记忆表象体系内，受某种诱因启发，各表象间形成跨越常规路径的连接，从而产生的一种无定向自由思考模式。该思维方式的核心表现形态涵盖了幻想、空想与玄想等多元类型，其中尤以科学幻想为甚，它在人类创新活动中的价值不可小觑。

1. 联想思维的特征

（1）连续性。联想思维的核心特质在于其连续性，犹如一条蜿蜒曲折的闪电链，从一点出发，无论是直接还是间接地触及另一点，都能实现无缝对接。而这一链条的始末两端，往往看似毫无关联，实则暗藏联系。

（2）形象性。联想思维作为形象思维的具体表现形式，其运作的基本元素为表象，即一幅幅生动的画面。正因如此，联想思维如同想象思维一般，充满了鲜活的形象性和直观性。

（3）概括性。联想思维具备高度的概括性，能在瞬间将联想到的思维成果展现在思考者的脑海中，无须关注具体细节，而是以一种全局视角进行思维操作。这种快速提炼与整合的能力，充分体现了联想思维强大的概括力。

2. 联想思维的作用

（1）在两个以上的思维对象之间建立联系。能够在多个思维对象间快速构建桥梁，使得问题对象与相关思维对象在短时间内相互连接，这种内在关联有助于我们揭示问题的答案。

（2）为其他思维方法提供一定的基础。尽管联想思维本身可能并不直接生成具有创新价值的新颖观念，但它却常常作为基石，为后续创新性想象思维的孕育提供必要的支撑。

（3）活化创新思维的活动空间。因其具备跨越边界、连贯万物的特点，所以能够引领思考深入复杂领域或广阔无垠的新境地，进而催生想象思维，甚至激发灵感、直觉和顿悟的火花。

（4）有利于信息的储存和检索。其中，联想思维扮演着关键角色，它遵循特定规则将知识信息储存在信息库，并在必要时精准提取出有价值的信息资源。

3.联想思维的类型

（1）相似联想。即通过感知某一事物的外观、形态或特性，与另一相似或相近的事物产生内在联系，从而激发思维的延展与交织。

（2）相关联想。是指联想对象与触发点共享一种或多种鲜明共性的联想过程，两者间的关联显著且紧密。

（3）对比联想。表现为联想对象与触发源在性质上形成鲜明对照，如目睹白色时脑海中浮现黑色，即这种对立性质联想的体现。

（4）因果联想。是基于人们对事物演变规律的认知与经验推测，联想对象与触发因素间存在着逻辑上的因果链联结。

（5）接近联想。指联想对象与触发物间存在深度关联或高度紧密的关系，彼此间的互动与影响促使联想自然发生。

（四）组合思维

组合思维，又名联结思维或整合思维，乃是一种将多个看似无关的事物，凭借想象力相互交融，使之成为彼此不可或缺的新整体的独特思考模式。

1.主体附加法

主体附加法，是一种创新技法，它聚焦于某一特定对象，通过巧妙地嫁接、嵌入其他技术或增设新颖附件，催生出全新的发明或创新成果。

2.二元坐标法

二元坐标法是一种创新方法，巧妙地运用平面直角坐标系中两条数轴上的元素，通过有序轮换组合，筛选出具有实际意义的二元组合作为成果。

3. 焦点法

焦点法是一种创新策略，它以预设的核心事物为中心轴，围绕此中心逐一关联并激活各个列举元素，以此为支点探寻新产品、新技术以及新思想的有效应用途径，并针对特定问题发掘出创造性的解决方案。

4. 形态分析法

形态分析法是一种通过深入剖析研究对象的各项形态要素，并对其进行创新性重组，以全局视角探寻多种解决方案的策略方法。

(五) 延伸思维

延伸思维，是借力既有的知识积淀和前人思维脉络，对未知领域展开探索，以推进认知边界，进而充实并提升原有知识体系的一种思维方式。

1. 延伸思维的特征

延伸思维作为一种纵向延展与深化认知的思维方式，具有两大核心特质：前瞻性和深入性。前瞻性的特征体现在对事物发展演变趋势的精准预见，而深入性表现在对事物内在深层次本质的敏锐洞察。

此种思维方式通过剖析事物间的联系与互动机制，展现出强大的透视力和领悟力，具体表现为从细微之处洞察全局，从部分推知整体，从个体理解全貌，从历史预见未来，从已知领域揭示未知世界的智慧能力。

2. 延伸思维的案例

以优质产品、卓越服务、低成本运营及高强度宣传等多维度战略夺取市场份额，已成为众多经营者的常规营销手段。然而，若要在激烈的市场竞争中脱颖而出，经营者须具备独树一帜的思维方式，方可制胜。

(六) 综合思维

综合思维是一种创新性的过程，它巧妙地将某一事物的独特要素抽离，并将其嫁接到另一事物或特定元素中，以此催生全新的构想与可能。

1. 综合思维的内涵

综合思维是一种抽象思维方式，是人们将分散的要素加以整合和归纳的一种思维方式，有助于人们从部分要素中看到整体性的问题，把握事物发展的规律。在实践过程中，综合思维能力能够帮助人们从整体的角度来对待部分问题，从而对问题进行精准分析，将各种有关联的要素联系起来，提高人们的创新能力。

在自然和社会中，任何事物都会与其他事物产生联系，事物当中的各个构成单元也会产生整体性的联系，这需要人们能够运用综合思维来作出判断。在创新活动中，人们对于综合思维的运用，主要是把握整体发展的体系，在一个体系中认识各类事物，将孤立的要素联系起来。同时，综合思维也能够避免让人们在认识事物中产生片面性，使人们对于事物的发展产生多方面的评价。例如，在创业活动中，创业者就需要把握市场的整体发展情况，对创业的项目进行综合判断，分析出创业活动中的收益、风险、机遇和挑战等，利用综合思维能力规避风险，把握机遇，发扬优势。

2. 综合思维的特征

（1）综合思维方式的对象是外在客观事物，它把外在客观事物看作多种要素相互联系、相互作用的有机整体。

（2）综合思维是多角度、多途径的想象组合。

（3）综合思维是超越时空、大范围、大跨度的想象组合，是思维想象的飞升。

（4）综合思维渗透着非逻辑因素，可以是基本型逻辑框架内超常规的甚至非逻辑的要素组合。综合思维是一种创新方法，它巧妙地将来自不同领域的多种原理和技术融入当前的创新对象中，进而孕育出全新的综合性产物。"综合"这一概念是对多角度、多途径的深度融合与整合，这一过程犹如搭建一个多维的创意网络,从各种不同的视角和路径出发,汇集各类元素,实现想象力的交织与融合。这种综合既可以是同类要素之间的有序拼接,也可以是异类要素之间的跨界碰撞,旨在打破常规,催生新颖的创造性成果。

创造性思维是一种高端而全面的思维运作形式,其所涵盖的"创新活动"具有广泛性,不仅囊括了新概念的构建、新判断的确立、新假设与新方法的提出,也涉及新理论的创立,以及新发现的揭示、新技术的研发和新产品的诞生。对于"创新过程",需以全局视角进行系统梳理和深度剖析。

(七)纵向思维

纵向思维,乃是一种深入剖析对象、实现层层突破与递进的认知过程,其特点在于能洞察事物本质,精准把握动态变化,并具备前瞻性的洞察能力。此思维方式在特定框架内运行,遵循有序、可预测及程式化的原则,沿着事物发展脉络——自下而上、由表及里、从始至终地推进思考,从而确保思维过程条理清晰、逻辑严谨。在日常生活与学习中,我们广泛运用这一符合事物演进规律及人类认知习性的思维方式。

1. 纵向思维的特点

(1) 由轴线贯穿的思维进程。当人们运用纵向思维探讨事物时,他们聚焦于事物在其各个发展阶段的独特属性,进行细致的考察、对比与深度剖析。事物犹如一幅生动的画卷,展示出从发生至发展的连续动态演变过程,而这一切变化的脉络,都被一条本质轴线紧密贯穿始终。以人类历史为例,它就是由人类社会在不同时期的发展历程串联起来的整体,其中时间轴是尤为显著的一类表现形式。尤其是在各类专业研究领域中,轴的概念形态更为多样且深刻。譬如,在物理学研究范畴内,水在不同温度条件下的物理性质变化,便是由一条温度轴作为内在主线,将这些阶段性特征紧密联结在一起。

(2) 清晰的等级、层次、阶段性。纵向思维擅长深度剖析事物,揭示其背景参数从量变到质变的内在规律，并精准锁定临界点，从而明确划分事物发展的各个阶段。

（3）良好的稳定性。运用深度纵向思维，个体能够在既定框架下开展一种专注且连贯的探索，其思考路径明晰、纯粹且一以贯之，具备较高的抗干扰性。

（4）目标性、方向性明确。纵向思维通常按照事物发展的方向，让人们产生具有目标性的思维。为此，在实践过程中，人们需要按照已经确立的目标来思考，并为实现目标而开展实践活动。

（5）强烈的风格化特点。纵向思维的独特性和深度属性，赋予了它高度的严谨性与独立性，使其个性鲜明且难以被大规模复制和传播。在人的性情的表现上，它往往界限清晰、与众不同，众多领域的专家常常展现出这样的特质。

2. 纵向思维的类型

纵向思维的类型可以分为以下几种：

(1) 按结构分为召唤聚合型、回心型、离心型。

(2) 按虚实分为物质的、现实的、经验的、文化的、精神的、想象的。

(3) 按主体分为主流、官方、正规、山寨、成熟、潮流、边缘、传统。

(4) 按价值分为投资型、消费型、增长型、衰变型。

(5) 按审美分为时尚、经典、通俗。

事物演进的阶段性本质构成了纵向思维形成的基石。任何事物都不可能凭空产生，其生命周期内必然经历孕育、成长、兴盛、演变直至消亡这一连贯过程，在此过程中，事物的发展规律得以显现。纵向思维正是对这一系列过程的深度理解和精准把握。因此，在我们的日常生活、形势研判以及科学研究等诸多领域，纵向思维成为我们不可或缺的思考工具。

（八）横向思维

横向思维，体现了人类思维广阔延展的特性，拥有此种特质的人，思考维度广泛且擅长触类旁通。一个生动的比喻是,横向思维犹如江河流淌,逢开阔之地便自然而然地铺展开来,尽管在深度挖掘上略显不足。

创新思维形态丰富多样,要实现创新硕果的丰收,我们必须深入理解和熟练掌握创新思维的各种表现形式,并在实践中灵活运用这些多元化的创新思维方式,从而自如地迈入创新的殿堂。

第二节 大学生创新思维方法

创新思维,作为思维进化的精华形态,以其跳跃性、发散性和独创性等特点卓然出众。常规的模仿思维模式,在面对已知世界时,凭借对过往经验和他人成功路径的借鉴,能够有效缩短探索周期,节约精力,避免无效尝试,从而提升思维效能。然而,当面临未知领域的挑战时,缺乏可供模仿的对象,常规思维便显得力不从心。此时,我们需要激发创新思维,以应对全新的环境与挑战。

当今社会瞬息万变,日新月异的进步与发展离不开持续不断的创新。社会前进的引擎、个人成功的钥匙,往往深藏于创新思维之中。若仅满足于步人后尘,难免停滞不前,难有重大突破。因此,无论是在生活的细微之处,还是在学习、工作的广阔天地,我们都应积极培育创新思维,掌握并实践创新思维训练策略,以驱动自我乃至社会的持续进步。

一、头脑风暴法

(一)头脑风暴法的定义

头脑风暴法源于"头脑风暴"这一概念,最初用于描述精神病患者的突发性思维现象，如今已被引申为一种激发无限创意联想和深度讨论的方法，旨在催生新颖观念和创新策略。在群体决策过程中，常因从众心理及权威影响导致"群体思维"现象，这往往会抑制批判性思维和创新能力，从而降低决策品质。

为克服这一局限，管理学界发展出一系列提升群体决策效能的工具，其中头脑风暴法尤为突出。此法分为直接头脑风暴与质疑头脑风暴两种模式：前者旨在通过专家团队激发最大化的创新设想；后者则聚焦于对已提出的设想进行严谨审视，评估其实现的可能性。

实施头脑风暴法时，需召集相关专家举行专题会议，主持人清晰阐述待解决的问题，并强调遵循的规则，营造宽松和谐的会议氛围。主持人通常不发表个人观点，以维护充分自由的讨论环境，鼓励专家们踊跃提出多样化的解决方案。

(二) 头脑风暴法的激发机理

头脑风暴如何能够成为创新思维的催化剂？依据奥斯本及众多研究学者的洞见，我们可以提炼出以下几个核心要素：

1. 联想反应

联想，作为催生新颖观念的核心机制，在团队探讨问题时发挥着关键作用。每当一个新的观念被抛出，就如同投入水面的一颗石子，激发出他人无限的联想涟漪。这一连串的新颖观念相互碰撞、串联，犹如连锁反应般构筑起一座创新思维的宝库，从而为创造性地解决各类问题开辟了更广阔的可能性空间。

2. 热情感染

当集体讨论摆脱所有限制时，能够点燃人们的激情与热忱。每个人都能畅所欲言，彼此的思想碰撞、交融，产生强烈的感染力，进而掀起一场观念的革新风暴，有力挣脱既有认知的枷锁，最大化地释放和挖掘创造性思维潜能。

3. 竞争意识

在充满竞争意识的氛围中，人人争相表达，积极启动思维引擎，力图挖掘独特见解与新颖观念。心理学研究揭示了人类内心深处的争胜本能，当这种竞争意识被激发时，个体的心理活动效率可大幅提升，增幅甚至可达 50% 以上。

4. 个人欲望

在团队协作以解决问题的进程中，个体的意愿表达应享有充分的自由，确保其免受任何外界的干扰与制约，这一点至关重要。头脑风暴法中蕴含的一项核心原则强调，对即时产生的观点应采取零批判态度，甚至要求参与者杜绝流露出任何质疑的表情、动作或神态。这样的环境能够有效激发每个人都毫无保留地分享见解，从而催生出大量新颖的想法。

二、组合创新法

(一) 组合创新法的定义

组合创新法是人们在实践过程中，将多种不同的要素进行重组，挖掘其新功能的工作方法。在生产过程中，通过这种方法，能够帮助人们实现技术、工艺和产品等方面的创新。组合创新法要求人们能够运用创造性的思维，敢于打破原有的要素组织方式，按照事物发展的规律进行要素的重新组合，使原有的要素体现出新的功能。

众多卓越的创造性思维成果，无论是精神层面还是物质层面，皆源自人类对点滴累积的思维资源进行深度整合与独特加工的过程。因此，组合创新法实质上是人类借助已有的文明积淀，以智慧为引导，实现低成本高收益的创新路径。

(二) 组合创新法的形式

1. 功能组合

功能组合是指把不同物品的不同功能、不同用途组合到一个新的物品上，使之具有多种功能和用途。

2. 意义组合

意义组合是指组合功能不变，但组合之后被赋予新的意义。

3. 构造组合

构造组合是指把两种东西组合在一起，使其具有新的结构并产生新的实用功能。

4. 成分组合

成分组合是指将成分不相同的两种物品组合在一起，构成一种新产品。

5. 原理组合

原理组合是指把原理相同的两种物品组合在一起，产生一种新产品。

6. 材料组合

不同材料组合在一起，不仅可以改善原物品的功能，还能带来新的经济效益。

(三) 组合创新法的分类

在思考过程中，人们往往难以挣脱传统的桎梏，易受习惯性思维与常规法则的局限，导致视野狭窄，创新力匮乏。欲突破此种局面，关键在于激发内在动力，激活思维潜能，勇于挣脱思维定式的枷锁，释放自身的创造力。而"组合创新"作为一种广泛应用的创新策略，其价值不容忽视，现今众多创新成果的诞生，正是得益于这一方法的运用。组合的形式丰富多样，依据参与组合元素的性质、重要程度及其结合方式，大致可将组合创新归纳为四大类别。

1. 主体附加法

主体附加法，又名添加法或主体内插式创新法，是一种以某一特定对象为核心，通过巧妙地融入、替换或增设新元素，从而形成具有更高价值整体的创造性方法。在此过程中，核心主体的功能特性得以基本维持，新增元素主要发挥着强化、完善和最大化利用主体效能的角色。

运用主体附加组合原则时，须谨记以下几点：首先，主体的核心特征应保持稳定，即原事物、技术或理念的基础结构不发生显著改变。其次，附加元素旨在对主体进行补充和完善，而非引起主体本质上的剧变。再次，所附加的事物包括两类：一类为现有资源，另一类则是针对主体特性而精心设计的新颖元素。最后，所有附加元素均以服务主体、弥补其局限性为目标。因此，在运用主体附加组合策略时，务必进行全面考量和权衡优劣，以免适得其反，事倍功半。

2. 异类组合法

异类融合是指将来自两个或多个迥异领域的元素，包括事物、思想与观念，进行创新性交汇融合，从而孕育出具备独特价值的崭新整体。

异类组合有以下特点：

（1）被组合的事物来自不同的方面、领域，它们之间一般无明显的主次关系。

（2）组合过程中，参与组合的事物从意义、原理、构造、成分、功能等方面可以互补和相互渗透，产生 $1+1>2$ 的效果，整体变化显著。

（3）异类组合实质上是一种异类求同，因此创新性较强。

3. 重组组合法

重组组合，简称重组，是一种在同一对象不同层级上拆解原有结构并以崭新模式重构的过程。这一过程仅通过调整事物内部各部分间的相对位置关系，旨在优化整体效能，且通常不涉及新增元素，而是对原事物本身的深度改造。

任何事物实质上都是由若干要素有序构建而成的整体，其功能与性能的实现有赖于各组成部分之间精密地联结与配合。当有意图地对事物内部结构要素排序进行调整，并依据全新架构重组，进而激发事物功能与性能的革新性转变时，这便是重组组合的核心理念。

广泛应用于各个领域的重组组合智慧，正是通过对既有事物的创造性拆解与重构，不断催生出新颖的事物形态与理念，展现出强大的创新生命力。

4.同类组合法

同类组合，又名同物组合，是指将多个相同元素进行自主重组的过程。在这一过程中，通常涉及两个或以上的同类元素，它们在组合前后，其核心原理和基本构造并无本质改变。

三、列举分析法

列举分析法是一种创新策略，它通过对某一特定对象从内部和外部两维度进行全面而详尽的剖析，并将所得内容逐条列出，旨在激发创造性思维，探寻发明创新的核心主题。此方法强调在列举的各项内容中深挖创新灵感，打破常规认知。

例如，在运用缺点列举法时，并非仅仅停留在表面，简单罗列并修正问题，实际上，巧妙地"转化缺点"往往能带来意想不到的创新突破。列举法包含多种细分方式，如缺点列举法、希望点列举法、希望点与缺点列举法的综合运用以及特性列举法等，它们共同构成了启发创新思维的有效工具箱。

(一) 缺点列举法

勇于挑战权威，积极提出独树一帜的创新理念，是塑造创新型人才的核心素质。古语云："金无足赤，人无完人"，世间万物皆有可提升的空间。而缺点列举法正是借助严密的逻辑思维，揭示并深挖事物的不足之处，逐一列举，通过对这些缺点的深度剖析，锁定关键问题所在，从而为解决问题或改进方案提供方向。每一次对缺点的识别，都是一次创新探索的起点。

缺点列举法以其简洁实用的优势成为创新发明的有效工具，因为现实中任何事物都可视为尚待完善的发明。只需我们以敏锐的目光去观察、用心去思考，总会发现其值得改进的空间。在日常生活中，关注所用之物、所触之事的不足，倾听他人的反馈意见，创新源泉便源源不断。

实践缺点列举法的过程可分为三步走：首先，精准定位事物的缺陷，明确研究课题，课题应具有可行性，不宜过于宽泛，若课题过大，可适当拆解细化；其次，深入剖析缺点产生的根源，确保分析既具有针对性，又兼顾系统性；最后，依据问题成因，有针对性地提出改进措施，实现有的放矢地创新突破。

(二) 希望点列举法

希望点列举法，由内布拉斯加州大学的克劳福特教授（Robert Crawford）创新提出，是一种以持续提出并探讨希望、理想及愿望为核心，旨在挖掘问题解决方案与改进策略的方法。该方法聚焦于通过对问题本质的理想化设想，引导人们关注问题与事物原始目的的交汇点。

运用希望点列举法时，须谨记以下要点：首先，通过该法提炼出的发明目标应紧密贴合市场需求，满足人们的真实需求；其次，希望源自想象力，激发强烈的主动性思维，赋予更大的自由发挥空间，因此基于希望点列举法所设定的发明目标富含创新元素；再次，在列举希望点的过程中，务必勇于突破常规束缚；最后，面对看似"荒诞"的建议，应秉持创造学视角进行客观评估，切勿轻率摒弃。

(三) 特性列举法

特性列举法，由美国布拉斯加大学克劳斯特教授所创，是一种高效的创新技法。他认为，通过深入观察与分析待革新对象，全面列举其各项特征和属性，继而找准改良方向并规划实施方案，能够有力提升创新效能。

此方法可细分为多种类型，包括但不限于名词特性描述、形容词特性描绘、动词特性表达以及类比方式的应用。

（1）名词特性。它可以是整体的或部分的一些结构的名称，还可以是建造时所用材料的名称及其制造方法等。

（2）形容词特性。一般来讲，它是用来描述所用事物性质的形容词，如一件物品的外形、颜色等。

（3）动词特性。它主要用来描述事物的功能，如这个东西是用来做什么的。

（4）类比方式。类比可分为很多种，如直接类比、亲身类比、幻想类比、对称类比、因果类比等。当然，不同类比方式得出来的结果是不一样的。

四、设问检查法

设问检查法是一种通过深入剖析、全面梳理及综合评估待改进创新对象，明确问题的本质属性、程度范围、目标动机、缘由背景、责任归属及实施环境等关键信息，从而将问题具体化并聚焦探索创新范围的有效方法。

首先，该方法借助提问方式探寻创新路径，其广泛应用性在于能针对事物具有普遍意义的层面提出问题。无论是技术研发还是管理优化等领域，均可灵活运用。例如，"5W1H"法则，从客体本质（What）、主体特性（Who）、时间（When）和空间（Where）、因果关系（Why）以及程度影响（How）等多个基本视角发问，揭示出任何事物存在的核心要素。通过对事物制约条件的细致分析，能够精准定位问题的关键所在。再如奥斯本检核表法，通过对声音、颜色、气味、形状、材质、尺寸、重量、质地、方位等一系列事物基本属性的深度挖掘，展现出了广泛的应用潜力。

其次，采用多元视角和全方位设问审查，有助于激活灵活的思维转换，从而突破常规框架。例如奥斯本检核表法，该方法体现了发散性或横向思维的特点，与纵向思维形成对照。纵向思维是沿单一主线持续深入直至问题解决；而横向思维则是围绕问题多维度展开思考，在寻求解决方案前广泛审视各种可能的观点。奥斯本检核表法通过摒弃对问题某个方面的过度关注，鼓励大胆突破传统框架，运用联想、类比、组合、分割、嫁接、异质同构、顺序颠倒、大小转换、形态革新等多种思维工具，以期收获多样化的解答方案，5W1H法则即是从五到六个不同视角审视问题的典型代表。

然而，设问检查法亦存在局限性，其更侧重于激发创新主体的心理素质转变，通过克服心理障碍拓宽思路，而在对技术对象客观规律的认识上略显不足。因此，在应对复杂技术发明问题时，尽管此法能提供大致的创新方向，但仍需与具体技术手段相结合，方能实现具有实际价值的发明创造。

五、逆向转换法

万物皆蕴含对立统一的两面性，在认知过程中，我们实质上是在与这两面性同步互动，然而日常生活中的习惯性思维常使我们聚焦于一面而忽略另一面。若能颠覆常规视角，从对立面出发思考，则有可能催生出富有创新性的见解。

逆向转换法，又称逆向头脑风暴，是一种团队研讨方式，旨在通过对立观点的聚焦来挖掘新颖创见。该方法由热点公司首创，作为一种集体评估手段，主要用于揭示观念的不足之处和预见其可能带来的负面效果。相较于鼓励自由发散思维的头脑风暴法，逆向转换法则鼓励在讨论中提出批判性意见，它并不侧重于生成全新观念，而是以批判性眼光去探寻既有观念的潜在问题。简而言之，这种方法的核心在于通过质疑来发现创意的短板。

(一) 逆向转换法的原理

辩证唯物主义的思想观念认为，任何事物都存在矛盾性，组成事物的各个要素都存在着矛盾统一的关系，在运动过程中产生了不同的效果。在一个系统当中，各类要素既会相互产生作用，也会彼此制约，确保了事物的动态性、变化性和完整性。人们在实践过程中，通过逆向转换，能够让互相作用的要素进行重新组合，让矛盾关系发生变化，从而产生人们理想的结果。

在创新过程中，人们需要对创新对象的构成和矛盾关系进行深入分析，认识到矛盾的主要方面，分析出次要的矛盾因素。人们也可以通过逆向转换，让次要矛盾成为主要矛盾，并削弱阻碍事物发展的矛盾关系，从而让创新的对象能够实现向前发展。

辩证法揭示了事物间的普遍联系，其中的对立面是相互依存、相得益彰的统一体。当常规思路、方法和程序失效时，我们应尝试从多角度、反向或对立面去审视问题，即运用逆向转换法，打破常规逻辑，往往能催生出新颖独特的方法、结构与解决方案，从而实现创新。因此，逆向转换法在思维方式上是辩证法不可或缺的重要组成部分。

运用辩证思维和创新理论，逆向转换法可概括为两大核心策略：其一是多元逆向思考，涵盖原理、功能、结构、属性、因果关系、流程顺序乃至观念层面的反转。事物本身蕴含正反两面，因此挖掘并转化其负面特性往往能催生出创新与发明。同样，寻觅化弊为利的途径亦可能成为创新源泉，这正是逆向转换法的特殊表现形式。其二，针对事物内部各因素之间的动态关联性，当处于难题久攻不下的困境时，可以灵活转变视角，将焦点转向与其相关的全新问题。一旦新问题迎刃而解，原问题也会随之化解，此即换元法或问题转移法的运用。

而在科研创新过程中遭遇瓶颈、寸步难行之际，回归原点，沿另一路径重新探索，往往会收获"山重水复疑无路，柳暗花明又一村"的惊喜效应，这便是还原分析法或还原换元法的精髓所在。

(二) 逆向转换法的特点

1. 普遍性

逆向转换法植根于唯物辩证法的普遍联系理念，从而具备广泛适用性。在现实世界中，对立面几乎无所不在，尽管它们常常隐匿于背景之中，难以被直观察觉和深刻理解。若要实现创新突破，必须揭示并凸显这些对立面，将其由幕后推向台前，使其清晰显现，易于把握。对立面不仅充斥于万物之间，更是构成现实世界的基石，并主导着现实世界的变化与发展。无论是微观世界中的渺小粒子，还是宏观宇宙的浩渺无垠，其存在与演变皆源于对立面间的相互作用——吸引与排斥。正是在这种动态平衡中，万物得以持续发展与变迁。

2. 批判性

正向思考表现为遵循常规、顺应常识，以及对公认的观念和惯常做法的沿袭。而反向思考是对传统、习惯及常识常理的一种颠覆性挑战，它勇于质疑所谓的"绝对正确"，其显著优势在于能够突破思维定式，瓦解由经验和习惯所形成的固化认知框架。

3. 新奇性

遵循传统习惯方式解决问题固然简易、直接，却容易导致思维固化与模式化，使人深陷思维枷锁，所得到的结果往往也在预期之中，缺乏新意。而反向思考则是从鲜为人知的对立面探寻答案，其产生的结果自然新颖独特，令人眼前一亮，出乎意料。

(三) 逆向转换法的类型

逆向转换法有逆向反转法、问题转换法、缺点逆用法等类型。

1. 逆向反转法

逆向反转法是一种创新性思维策略，其核心在于颠倒常规视角，从不同维度对问题进行重构与审视。这一方法的"逆"可体现在方向、位置、过程、功能、因果关系、优缺点转换以及破旧立新等多个层面。

(1) 原理相反。如制冷与制热原理的互换，电动机与发电机功能的对调，或是压缩机与鼓风机作用机制的反转。

(2) 功能相反。通过对既有事物功能的对立面进行探索，可以触发新的发明或解决方案，这包括直接功能反转或功能实现方式的转变，如将保温瓶用于冷藏。

（3）过程相反。如吹尘变为吸尘的过程反转。

（4）位置相反。如在野生动物园中，调整人与动物的传统位置关系。

（5）因果相反。通过因果链的颠倒，从结果反推原因，从而挖掘出创新思路，如数学运算中的逆向验算。

（6）程序相反。如先提出科学假设再进行实验验证的逻辑顺序倒置。

（7）观念相反。从全局到细分领域，或从传统的以产定销转变为以销定产，都是观念逆向的具体体现。

（8）结构逆向。借鉴既有事物的对立结构形态，设计全新的技术和解决问题的方法。

2. 问题转换法

问题转换法的核心在于，在确保效果一致的前提下，巧妙地将无形、难察的现象转化为有形、直观的表现形式；将生僻复杂的难题简化为通俗明了的问题；同时，也将那些难以精确测量或无法直接测量的物理量，智慧地转变为可准确计量的状态。这是一种借助转换手段提升问题解决效率和精度的方法。

3. 缺点逆用法

缺点逆用法并非简单地规避或修正事物的缺陷，而是一种精巧运用缺陷，将其转化为价值的技术。

缺点逆用法的基本原理：核心理念基于万物皆具两面性，即事物存在的问题与不足，经过适当的策略处理，可转化为积极有益的因素。此方法的本质在于驾驭缺陷，犹如"以毒攻毒"，变弊为利。换一个角度审视事物的缺点，我们便有可能发掘其服务于人类的可能性，实现缺点的价值转换。

第九章　大学生就业创业创新路径

第一节　高校人才培养理念的创新

一、树立正确的人才培养理念

我国高校在人才培养的理念方面，存在创新能力不足的问题，导致高校对大学生的就业创业教育跟不上社会的发展，主要体现在以下几个方面。

首先，有些高校对于当前的就业创业教育理念、政策理解不足，只重视学科教育，不够重视实践教育和创新教育。部分大学生在学习过程中，接触的就业创业教育只是来自宏观上的指导，但不能落实在大学生社会实践、求职就业等方面。还有一些大学生拥有一定的创新能力，但难以将创新用于自己的创业方面，无法得到来自学校的支持。

其次，高校在课程体系建设中，缺少对于就业创业课程的开发，使得就业创业课程单一、陈旧。另外，还有一些高校的教学模式没有进行创新，依然围绕着考试来进行教学评价。教师的教学也主要是帮助学生提高考试成绩，取得课程分数。但对于就业创业课程来说，如果缺少实践性，只用考试来进行评价，那么将不会产生实际意义。

再次，高校受到传统、保守的教育思想影响，对于大学生的就业创业需求没有形成新的认知。高校的内外环境难以对大学生就业创业实践提供支持。许多高校的负责人和教师在就业创业教育过程中，只是按照上级要求来完成就业创业宣传的任务，没有将其与学校的发展、学校环境的建设联系起来。一些高校会通过活动的方式，组织学生进行创新创业方面的考察，然而却没有形成长期、长效的激励机制。另外，一些高校和教师对于"守正创新"的理解程度不足，教学、科研和其他社会活动过于保守，会影响学生以"求稳"的心态来面对就业和创业，使得学生的创造力难以体现。

最后，一些高校和外部世界的联系还不够频繁，合作不够充分。大部分的高校管理者对高等教育的人才培养、科学研究等功能是很认同的，但是他们对高校的社会服务功能的理解并不十分深刻，对高校开展就业创业教育、引导学生创新创业的理解也不十分透彻，认为创业不是大学生的主要就业途径，就业创业教育也不是高校的必要工作。

（一）从创新驱动发展战略的高度认识创业教育

社会上创新创业活动的发展，国家创新驱动发展战略的推进，都离不开高校的创新教育。大学生在毕业之后进行的创新活动和创业活动，能够为社会提供更多的创新资源，并且能够带动大学生进一步成长为创新型的人才。

在创新驱动的背景下，知识经济要成为新兴的经济增长点。知识经济的主要特点是将知识成果、技术创新成果转化为产业发展动力，驱动知识成果在市场经济体系中得到增值和发展。创新驱动发展战略要能够促进产学研一体化发展，让高校的知识和创新优势能够同产业发展融合起来，构建协同创新体系。大学生是重要的创新人才，应通过自身的创造性活动，加入全社会的创新创业体系当中。

高校的就业创业教育要从创新的角度来进行，鼓励大学生选择创新性的岗位，并在产学研一体化的支持下，成为重要的创业者。在教育过程中，教师也需要形成创新能力，能够通过创新活动带领大学生参与技术研发、企业实训活动，结合学科特点形成创新成果。高校的教育者和管理者应从创新驱动的高度认识就业创业教育，用先进的理念和创新性的实践方法培养人才，通过教育过程，完成观念的转变。

（二）结合内外因素，形成创新创业型人才培养理念

高校在培养创新创业人才的过程中，应结合社会对创新人才的需求，结合外部的环境和大学生发展的需求，建立创新创业人才培养的理念。当前，社会对于人才的培养，注重多元智力的培养，让大学生的智慧、智力与创造力加以整合，使大学生既拥有智力发展的能力，也具有将智力因素用于社会实践的能力。另外，创新创业人才培养的实质，是要突出大学生的个性发展需求，培养个性化的创新人才。传统的高等教育更加重视对专项技能人才和整体人才的培养，容易忽视大学生个性发展的需求。在大学生形成创新能力过程中，其个性因素应该得到进一步激励，提高大学生创新创业活动的积极性。

高校对于创新创业人才的培养，许多时候不是进行整体性的人才培养，而是让一部分大学生跳出常规的成长方式，积极参与创新创业活动。为此，高校应积极改变传统的育人观念，并转变教学方式和学生评价方式。在创新创业教育中，要减少学科教学的内容，拓展实践活动的重要意义，让学生能够积极地参与社会实践。

就业创业教育与其他的学科教育有着很大的不同，在课程体系上呈现出多学科融合的特点，在教育方式上，需要以实践为导向、以能力培养为主。目前，许多高校依然缺少成熟的就业创业教育体系，诸多课程的设置过于陈旧，实施的过程也趋于形式化。例如，许多高校在培养大学生的创新能力上存在不足，使学生只会沿着传统的学科体系进行学习。还有一些高校在创新驱动战略下，虽然积极加强了大学生创新基地、创新项目的投入，但也会出现急功近利的思想，盲目地上马一些项目，使得创新项目出现跟风的状态。在创业教育方面，一些高校和大学生还没有掌握创业的基本规律，对创业市场需求的认识不足，从而导致大学生创业的成功率不高。

因此，依据创造型人才培养规律进行就业和创业教育，是高校进行教育改革，积极融入创新型社会的基本。创造型人才应该具有一定的智力能力，将知识、创造与实践结合起来，同时还应该具有个性化发展的能力，而不是按照统一化的标准培养起来的学生。在教育过程中，要满足学生个性化发展的需求，结合学生在智力、性格等方面的特点，有针对性地培养学生的创造力。高校要改变以考试成绩评价学生的方式，鼓励学生多元化发展。教师在教学过程中，应找到学生在不同能力、素养上的发展前景，让他们能够将自己的特长发扬出来。在学校创新创业环境的建设中，应鼓励学生多进入高新技术企业参与实践教育活动。

二、构建创新创业能力培养的基础

(一) 高校对学生多元智力能力培养不足

学生的多元智力能力除了知识学习外，主要是学生在社会与生活中形成的多种能力素养。与学生就业创业有关的包括他们的自我认知、社会认知和人际交往等能力。目前，许多高校在教学体系中，还没有对学生的多元智力能力进行有效开发，很多大学生都存在知识学习能力较好但适应社会能力较差的问题，不利于学生的未来发展。在高等教育改革的过程中，一些高校陆续开发了创新创业相关的课程，但依然没有形成培养学生创新创业能力的计划。高校教学模式的形成，依然以学科理论知识为主，通过教师的课堂教学和学分考试来完成对学生的培养。创新创业能力培养虽然与专业知识体系有关，但还需要深入社会经济发展的环境中进行，要让学生能够将自己学习到的知识用于社会实践当中，应进一步增加实践课程的课时。同时，高校也应该利用好学生在课余时间的活动，让学生能够自发地或在学校的指导下开展创新创业的锻炼。

(二) 重点发挥高校对创新能力、专业应用能力的培养作用

高校在培养学生实践应用能力的过程中，应围绕学科教学与实践教学，共同形成教学体系。课程的改革应关注一门课程是否能够对学生未来在就业过程和自主的创业活动中发挥作用，以实践应用为依据做出调整。要结合社会对创新人才的要求，改变课程体系中不够实用的部分，增加符合前沿科学和学生未来发展的内容。教师要通过学校进行的科研活动，带领学生加入实践应用过程中，高度重视对学生多元能力的培养。

第二节 高校就业创业指导体系构建

一、高校实践和指导服务体系存在的问题

(一) 校企合作水平不高

在市场经济环境下，企业是开展创新研发与成果转化的主要力量。虽然高校、科研机构在科研与创新上具有一定的优势，但很多研究成果不能被应用在推动产业发展的实践中，无法产生直接的社会价值和经济价值。因此，高校作为教育和创新的机构，由于难以直接参与市场，限制了科技成果转化的能力。高校只有与企业合作，才能进一步发挥其服务于社会经济发展的功能。但一直以来，许多高校都形成了"关起门"办学的思想，没有同企业开展更深入的合作。校企合作也是培养学生社会实践能力、促进就业创业教学发展的重要途径，企业能够给学生提供一个直接参与企业工作和创新活动的机会，也让教师能够与社会联系起来，提高实践教学水平。

因此，高校在构建就业创业的指导体系中，应将企业和企业中的人才当作

重要主体，让企业平台成为重要的教学平台，企业中的管理人才、科研人才都能够成为学生提高就业、创业能力的实际指导者。高校的实践课程应该走出校园，由指导教师带领，在企业中参与一段时间的实习实训工作。在这个过程中，要增加进入企业实践的课时，由企业的相关人员带领，完成某些生产、研发项目。

（二）各培养渠道割裂发展

1. 就业创业教育系统性不强，培养渠道没有形成联动效果

许多高校都对就业创业教育进行了不同程度的教学改革和新的尝试，但是还没有形成一个将教学体系、实践体系、指导服务体系、隐性环境包括在内的系统性改革，不能使得每个环节都协调一致，围绕创新创业能力的培养目标共同发挥作用。

调查研究表明，在很多高校的教学体系构建中，与就业、创业、创新和实践有关的课程同原有体系中的学科课程存在着较大的割裂。在常见的课程体系中，就业创业教育的课程是独立在专业设置之外的，通常变为一种公共课和选修课。一是体现在就业创业教育没有与专业课程产生联系，导致学生无法将自己的专业知识应用在社会实践当中；二是学校的实践教学同就业创业指导教学没有产生关联，二者在功能上不够统一，课程安排上不够协调；三是学校没有结合大学生就业创业实践活动构建隐性教学环境，大学生通常参与的校园文化活动和社会活动也难以得到能力上的锻炼。

形成这种问题的原因主要是，高校在组建创新创业教育机构过程中是脱离于学科体系建设的，使得创新创业教育机构难以同学科建设和学科教育产生密切联系。学校管理部分在协调各方面关系上也存在不足，使得许多矛盾无法协调。有些高校虽然提出了创新引领的改革理念，但也只是在专业教育中进行了创新能力方面的教育，难以深入落实到大学生的就业、创业和社会实践层面，依然存在着专业教育同大学生就业和创业的结构性矛盾。

2. 多头管理，导致各培养渠道的割裂发展

在"双创"政策的指导下和大学生就业环境压力下，国家和地方都对大学生群体的创新创业能力发展有着较高的预期。高等教育改革政策的调整，为各类高校开展就业创业教育创造了环境，提出了相关的指导意见。但同时也应注意到，高校的这些工作存在着多部门管理的现象，各类政策渠道依然没有形成统一性和协调性。许多高校在落实政策时，只是单纯地去完成一些任务，却没有将其融合在高校的自主教学创新体系当中。

目前，针对大学生的创新创业活动包括"挑战杯"全国大学生科技学术创新竞赛等活动，而这些活动是由不同的主管部门来组织管理的。有些高校则安排校内行政体系中的不同部门负责对接和工作落实，而这些行政部门也没有同各个院系展开合作。管理机制上的割裂使得一些教学和实践工作产生功能上的重复，甚至产生矛盾。另外，高校的行政部门难以将一些创新创业活动转化为实际教学活动，而是通过学生课余活动的方式来进行，学生只是凭借自愿和兴趣来参加，难以得到专门的能力培养。因此，高校对学生创新创业的培养方面逐渐成为一个独立的体系，而没有融合到整体的办学、教学体系当中。其中，"教学""实践""就业创业指导"往往存在着各自发展的问题，从课程体系到管理体系的割裂性都比较强，对大学生全面性的创新创业能力培养形成了阻碍。

二、"实践体系"和"指导服务体系"开发就业创业能力的作用

"实践体系""指导服务体系"对创新创业能力各维度共同产生影响。它们还间接地对"教学体系"甚至其他构成创新创业能力的维度产生影响。因此，"实践体系"和"指导服务体系"这两个培养渠道是相互影响、相互促进的，它们应该形成合力，使提升个体创新创业能力的效果达到最大。高校应该把"实

践体系""指导服务体系"作为培养方式和平台，促进学生多元智力基础上的创造力的形成和发展。

"实践体系"与"指导服务体系"不仅应用于对学生就业创业能力的培养，还应帮助学生挖掘创新项目、寻找创业方向，对于一些已经确立了创业方向的学生，还应该给予进一步的指导服务。一是要结合相关学科的教学情况，积极开发与学科相关的创新创业平台，包括利用产学研合作的机会，打造创新创业孵化器。利用各地政府和企业对创业人员的支持，让大学生能够得到社会中的开放实验室、中试基地、共享办公和创业服务体系的支持。二是能够在"指导服务体系"中丰富与市场经营、企业管理相关的内容，让学生不只提高项目研发方面的能力，也要提高参与市场竞争的能力。三是加强高校科研成果的产业转化，要找到中小企业在创新方面的不足，由学校、企业共同开发创新项目，让校园中的教师和学生等科研人才为产业的发展而服务。

三、完善校内外合作的服务指导体系

（一）搭建和专业教育相结合的研究实训平台

搭建和专业教育相结合的研究实训平台，进一步提升学生应用专业知识的能力。专业知识的应用能力需要实践性、探索性学习，搭建专业领域的研究实训平台，对应专业课程开发设计实践教学环节、科学延展性研究和专业前沿、应用方向的立项项目研究，开设多功能实验室。

（二）搭建和创业技能相结合的体验实训平台

体验实训平台是具有模拟体验功能的实训平台，重点在于能够增强学生在市场环境下的体验，培养学生在创业过程中的项目管理、企业管理和市场经营能力。作为创业人员，需要具有经营管理能力，既需要将科研项目成果转化为市场产品，也需要通过抢占市场，让产品产生实际效益。因此，体验实训平台的建设，主要在于学校和教师都能够了解创业市场，关注中小企业的发展模式，能够对企业的经营管理方式进行借鉴。为此，高校应带领学生对本地的企业进行考察和体验，深入了解企业的发展流程。在教学过程中，通过创业竞赛、创业模拟等活动，发展学生在创业执行力、团队管理能力等方面的能力。

例如，在模拟创业活动中，要让学生能够自主组织创业团队，围绕某一项目制定创业计划书，争取获得模拟投资者的支持。同时，高校还可以组织学生针对企业运营中的一些环节进行模拟，如财务管理、人力资源管理、商业项目管理、商务洽谈等，通过各个环节的锻炼，提高学生的实际执行能力。高校要组织学生积极参加创新创业竞赛，在教师和企业人员的帮助下，争取在竞赛活动中得到深度锻炼。另外，高校也可以自主组织创新创业竞赛活动，加强对竞赛活动的管理，要让合作企业中的专业人员成为组织者和监督者。总之，利用具体的体验实训平台建设，要让学生的视野不局限于学校的学习和研发范畴，而是在市场环境下形成创业思维，提高实际操作的能力。

(三) 进一步加强创业园和众创空间及孵化器建设

我国各级政府可以结合本地区经济发展实际，通过建立知识产权明晰、风险共担、利益共享的产学研联合机制，设立不同行业的创业园或创业基地，以免费或优惠价租赁的方式提供给创业者，为科技成果转化搭建保障平台，帮助创业者把科技成果产品化、商品化、产业化。同时，结合地方特色产业园、小企业基地、商业街的建设，建立创业特色产业基地或创业一条街，为创业者提供创业场地、技术支持等服务。

(四) 建立大学生就业创业导师库

大学生就业创业能力的培养，需要得到专业教师的指导。高校中的教师通常在知识体系上具有较高的水平，但社会实践能力不足，尤其是对各个行业内的就业环境、创业方式无法产生实际的体验。因此，要想对学生进行更为专业的指导，就需要高校建立就业创业导师库。导师库来自高校合作的企业及社会机构、社会人员，通常社会中的人力资源管理人员、成功创业者和行业培训的机构往往能够发挥更专业的指导作用。

高校在形成了一定的导师资源后，应按照大学生就业、创业的实际过程形成分阶段指导，可以让不同的导师发挥实际作用，提高人才培养的效率。例如，在就业、创业的准备阶段，可由学校的教师指导完成，主要帮助大学生对择业或创业树立主要的目标，形成初步的发展规划。在就业、创业的初期阶段，则由企业的专门负责人员来进行。在大学生职业发展或创业发展的成长阶段，可聘请高层次的人员进行指导，其中高层管理者和成功创业者能够发挥很好的效能。

高校的就业创业指导应建立在以学生需求为主，进行学生与导师双向选择的基础上。因此，可以采取以下几种方式：一是针对致力于创新创业活动的学生，给予一对一的专门指导。指导的内容主要是针对学生本人在创新创业活动中出现的问题和困难。二是针对某些专题项目进行指导，高校要分析大学生在就业创业过程中出现的普遍问题，开展专题研究，由相关领域的专家提供指导。采用公开课、大讲堂、项目攻关等方式解决问题，形成研究成果。三是对大学生在择业和职业发展方面开展定期的指导。结合大部分学生会选择进入人才市场求职的情况，高校要结合职业选择和职业生涯规划开展定期培训，由教师和企业中的人力资源管理人员共同提供培训。四是结合高校开展的创新创业项目开展团队化指导。高校要利用本身具有的实训平台、实验基地，并利用企业的平台，组织学生参与实践工作，实现"做中学"的目标。

(五) 为大学生创业提供创业专项培训

我国高等院校应围绕地方重点发展产业，积极开展技术创新、服务外包、软件开发、电子商务、文化创意等产业领域的"大学生创业培训工程"。高校可以联合本地政府相关部门(劳动和社会保障部门、人事部门、团组织等)、相关就业培训中心共同开展大学生创业培训工作,将大学生创业培训纳入地方再就业创业培训计划,并享受再就业培训的有关政策。对于参加培训的大学生创业者,不收取任何费用。

高校的创业培训要具有一定的针对性,按照具体的人和活动产生的需求形成指导培训机制。这些培训要面向那些立志于创业和已经开始创业活动的大学生群体,通过具体的实践和对大学生创业的服务,为他们的创业活动提供保障。高校要在政府的支持下,建立完整的大学生创业培训体系。一是对大学生进行与创业有关的业务知识教学。二是开展创业的实践教学。三是在大学生创业过程中,通过孵化器等平台的支持,帮助大学生解决企业战略、企业管理等方面的服务。

第三节 高校就业创业人才培养环境

一、高校就业创业教育环境

大学生在就业和创业的学习实践中,经常会因为缺少文化环境而无法取得成效。文化环境是一种隐性的教育活动,能够在大学生的思想认识、积极性方面产生重要作用。目前,尽管社会中的就业创业氛围比较浓厚,高校所形成的文化环境也依然难以渗透在学生中间,导致许多大学生意识不到未来的职业发展和创业发展问题。

(一) 教育环境对校园文化的影响

校园文化环境通常与校园内的创新环境及就业创业环境有着直接关系。在实践过程中,许多高校已经围绕创新环境来重新建设校园文化环境,但校园环境对大学生创新创业活动的保护依然存在不足。主要原因在于,许多高校在校园环境建设上依然趋于保守,对于大学生的一些创造性、打破常规的活动缺乏激励。学校也受制于传统的教学评价方式和育人理念,更加重视学科教育,对大学生参与学习期间的创业实践缺乏保护。

校园文化一般是由学生开展课余活动而形成的一种文化,取决于大学生能够产生哪方面的兴趣、具备哪方面的能力。一般在大学校园中,最主要的文化氛围就是学习文化,学生会按照自己对知识的需要来开展自主学习活动,成立与学习有关的社团组织。但由于大学生本身的社会经验不足、创业意识不强,因而就业创业的文化难以在校园中形成。因此,高校应该发挥在校园文化中的导向作用,运用就业创业教育和创新活动改变学生的思想观念。首先,要建立相关的创新创业管理机制,对于大学生形成的创新行为和创业行动进行鼓励和支持。其次,要通过就业创业课程的开展,让全校学生对就业情况和未来职业发展形成认知。最后,要坚持开放式办学,让社会中所形成的创新文化、创业文化能够影响校园,改变大学生的课余生活状况。

(二) 教育环境管理制度应更具针对性

高校所形成的教学管理制度要为就业创业教育和大学生创新创业活动提供制度保障。一是能够构建课程管理体系,通过必修、选修课程的开发,创新创业资源的整合,让大学生有学习的条件。二是围绕大学生创业,能够建立灵活的学籍管理、实习管理和学生管理制度。允许大学生休学创业,对于大学生的具有前景的创新项目要进行评审,给予实际的创业支持。三是围绕大学生择业和职业生涯发展,联合各个院系推行协同培养机制,积极对大学生进行就业指导。

目前,许多高校依然没有进行大胆尝试,形成休学创业、延时毕业的机制。许多大学生虽然形成了在校创业的意识,但也不愿意为了创业而中断自己的学业。高校在管理制度上缺乏创新性，就会对创新型人才的培养造成影响。另外，大学生在创新创业过程中，将要面临的风险和挑战是巨大的，许多高校也不愿意帮助大学生承担这些风险。这些问题造成了大学生如果开展创新创业，将很难得到在政策、资金等方面的保障。

(三) 隐性环境对大学生就业创业能力的激励作用

高校在人才培养过程中所形成的隐性环境，对于大学生形成创新创业意识、提高自主学习能力具有积极的作用。隐性环境的作用表现在：一是能够让大学生个体深入分析自己的内在素质，对自己未来的发展作出合理规划。二是社会与校园中所形成的创新思维、创业理念，会明显改变大学生的思想观念，让创新创业的想法得以萌发。三是隐性环境对高校的教学和大学生的自我发展形成了导向作用，使得广大师生更加重视创新，依据创新素养的成长而改变原有的人才培养模式。

因此，隐性环境的生成和发展对于高校的教学活动以及大学生个人的发展具有全面的影响。如果校园和社会中缺少这样的环境氛围，那么大学生在思想上就会趋于保守，不敢做出创新创业的尝试。高校也需要在管理和教学过程中，重视对隐性环境的建设，其主要在于能够将校园中关于创新创业的文化要素培养起来，成为主流的校园文化要素。例如，要对大学生开展的创新创业活动进行鼓励和宣传，要在大学生的日常生活中形成导向机制；要重视对大学生创新创业品质的培养等。

总之，校园的隐性环境是一种重要的育人环境，而环境作用于人们的思想认识和心理，通过校园隐性的就业创业文化环境建设，能够让创新创业的理念深入人心，从而对大学生的学习与生活产生导向作用。

(四) 完善校园就业创业的"隐性环境"

校园就业创业的隐性环境构建，通常能够帮助高校培养学生的个性特质，形成创新思维和创新能力。隐性环境是一种在思想认识上的导向因素，能够让大学生对创新创业等活动产生兴趣，积极利用自己的优势参与这类活动，让自己的价值得到体现。隐性环境的建设体现在学生自主形成的环境氛围、校园对创新创业的培养和保护，以及来自社会和学校构建的制度保障环境等方面。其中，高校为了加强就业教育和创新创业教育而构建的物质基础和文化基础，都能转化为一种隐性环境。

1. 在校园环境中融合就业创业教育

高校的教育环境具有人群庞大、学科较多、学术氛围浓厚、教学活动丰富等特点，必然会产生与其他主体和整个社会不同的隐性文化环境。环境育人是高校教育体系中的重要一环，由高校的管理者、教师和学生共同来搭建。高校的办学理念、风格、优势学科等对于隐性环境的形成具有导向作用。高校应在就业创业教育体系中，积极开展隐性环境建设，使学生能够从生活中形成就业创业的新观念。隐性环境建设能够弥补显性课堂教学的不足，对于校园的学习文化、生活文化产生较强的导向作用，从而形成全时空的就业创业实践氛围。在这种环境下，大学生将会更愿意自发开展就业创业的学习，主动利用网络、学生活动等平台吸收创新经验。

第一，隐性环境可以发展成为隐性课程，在正式的课程之外，高校要利用互联网、校园文化活动、学术讲座、社会实践活动等，构成全方位的隐性课程体系。

第二，在隐性创新文化氛围中，构建多元文化交流的环境体系。在这一过程中，高校通过深入开展对经济发展的服务，让企业中的创新文化、创业文化和优秀的职场文化进入校园，产生与校园的学习文化相融合的结果。

第三，学校就业创业环境的形成，来自对大学生创新、创业行为的支持。例如，如果学校的大学生能够在高层次的创新创业竞赛中获得名次和声望，就会对全校师生产生较好的激励作用。大学生在成长过程中，总会产生一些创新创业的意识，如果能够得到学校的鼓励和实质性的支持，他们就会将其付诸实践。另外，高校在原有的学科教学体系中，要融合大学生职业发展和创新创业的思想，重视对大学生个性特质、创意能力和想象思维的鼓励。

2. 合理构建学习环境

高校的学习环境，能够影响大学生为了怎样的目标而学习，采取怎样的方法学习以及学习具有怎样价值的知识。高校在形成了就业创业的隐性环境之后，大学生的学习也会倾向于以未来的就业、创业和创新活动为目标。要想积极培养学生的职场适应力、创业能力和创新思维，教师在教学中，就要改变过去培养标准化人才的方式，让学生的个性、创造精神和冒险精神得到扶植。学校在评价导向上，应该减少传统的试卷考试，更多进行实践性的考核，让评价的标准倾向于学生的实际能力、创新思维方面。对于学生使用的自主学习平台，如图书馆、网站等，高校要对与就业创业相关的文献、数字资料进行加工整理，打造就业创业的学习资源库，为学生的自主发展提供条件。

3. 塑造尊重创造力的校园文化

校园文化直接关系到大学生学习与生活的环境，能够产生隐性教育的作用，会对大学生知识能力、思想观念和道德观念的形成产生重要影响。大学生创新意识和创新能力的形成，需要靠校园中的创新文化来培养。当校园中存在更多的创新、创业条件时，会有更多的大学生参与到这些活动中。例如，如果学校能够针对大学生的就业创业问题创办多种活动，就会对大学生的思想和行动产生激励作用，会让大学生主动地思考个人的就业和创业问题。另外，校园文化要有包容性和多元性，让大学生产生的各种观点实现碰撞和融合，让大学生产生的新奇想法能够得到包容。为此，高校应该在学生管理、教师指导等层面形成激励大学生参与创新创业活动的文化，对学生的创新意识、创新能力发展起到良好的推动作用。

4. 建立保障学生就业创业的制度环境

制度环境不仅包括对学生创业活动的直接管理制度、教学制度体系、管理模式，也包括对教师指导的激励制度、创业教育评价制度。

（1）对学生创业活动的直接管理制度。大学生的创业活动如果得不到政府和学校的支持，他们在面对激烈的市场竞争时，成功的难度会很大。因此，高校应建立针对创业活动的直接管理制度。这一管理制度主要针对的群体就是有意参与创业创新和实际进行创业创新活动的大学生。直接管理措施主要有：给大学生创新创业提供平台和其他物质条件；帮助大学生解决项目实际进展的问题，如资金、技术、人力、市场等方面的问题；对大学生进行理念、方法等方面的指导教学。

（2）教学制度和管理模式。高校在传统的教学模式中，已经形成了完善的教学制度和管理模式，为教学活动提供了有效支撑。例如，大学各个学科的学分制度、毕业评价制度、课时计划、实习管理、学生管理等都是这些制度的构成部分。在针对大学生的就业创业教育任务时，高校也需要打破并改进原有的制度和模式，从整体的制度体系中融入就业创业教育管理的制度体系。

①进一步完善学分制，使之成为完全智力能力培养的制度保障。

我国高校采用的学分制是结合传统的学科专业教学建立起来的，这种制度将各个学科的不同知识结构转化为各门课程，用学分来衡量一门课程是否完成了教学任务。随着高校课程体系的多样性发展，高校针对专业课和公共课设置了必修课学分，为大学生其他知识的学习设置了选修课学分。在学分制中，其他的实践学习内容也可以转化为相应的学分，从而对学生的学习产生一定的管理、导向和监督作用。但在学分体系下，就业创业课程通常只占据一门课程的学分，这对于大学生就业创业能力的提升难以产生应有的效果。因此，高校需要进一步改变学分制，促进就业创业能力培养向其他课程内部的融合，完善导师制度和学生辅修机制。

②建立导向明确的激励制度和考核制度。

大学生就业创业能力的提升，应通过教学方式的完善、创新创业活动的实施来实现，应在明确的激励与考核制度的带动下，提高师生的积极性。教学方式的完善体现在改变大学生对教师和书本的依赖性，能够针对个人发展进行自主学习，让大学生的自主地位得到提高。激励制度体现在能够对大学生创新活动和创业活动提供实际奖励，争取在市场中为大学生寻求资金和技术支持。考核制度体现在能够对教师的实践教学、就业创业教学成效进行考核与监督，让教师的积极性得以激发。

③进一步健全科研制度。

在教学过程中，让大学生能够参与一些实用性的课题研究。任何一门专业课程都可以转化为大学生自主研究的课题，让大学生通过自主探索，提高自己的学习和实践能力。高校要建立大学生的创新引领机制，要在导师的带领下，让大学生参与导师的科研项目，通过实际的项目探索，让大学生的创新能力得到锻炼。

④加强实习、实训制度。

高校大学生的实习活动，不能只依靠大学生自己来完成，而是要通过高校的联络，选择更加合适的实习方式。例如，结合学生的专业特点，选择社会中相应的岗位上实习。高校应采取与企业合作的办法，为学生创造更多的实习实训机会。其中，一些校企合作的项目，应积极带领大学生参与。

（3）教师评价指导环境。教师评价主要是学校围绕教师参与的各项工作、完成的各类任务情况对教师进行的考评。高校要想形成保障大学生就业创业的环境，则需要从教师入手，让教师能够积极地参与到对大学生的培养过程中。

为此，高校应建立教师参与大学生就业创业指导的评价体系，通过精神和物质方面的激励，提高教师的工作积极性，增强教师在就业创业教育中的创造能力。

总之，高校的大学生就业创业教育，重点在于人才培养环境的建设。环境是大学生形成职业发展、创新发展和创业理念的土壤，也是高校健全育人体系的重要影响因素。在环境建设中，高校应围绕制度建设、文化建设和隐性环境的培养，让就业创业的理念深入人心。环境建设要对大学生个体的发展产生积极影响，引导学生实现思想认识上的转变，通过环境培养，让大学生积极参与各类创新和创业活动。

二、高校就业创业指导服务环境

（一）开展大学生就业创业指导服务工作的意义

近年来我国大学生毕业人数持续上升，解决大学生就业问题也成为各大高校的一个重点问题。随着社会经济水平的不断提高，企业的人才需求也在不断提升，给广大毕业生造成了一定的就业压力。为缓解大学生的就业压力，加强企业与学生之间的联系，深层挖掘大学毕业生的"就业潜力"，高校应开展大学生就业创业指导服务，以降低大学毕业生就业创业焦虑，为社会输送更多新型人才。

（二）高校大学生就业创业指导服务的原则

1. 个性化原则

高校要坚持个性化原则，了解大学生的兴趣爱好，尊重大学生的就业理想，发掘大学生的专业特长。充分保证每个学生都能发挥各自的个人优势，提高大学生就业质量，实现准确高效的人才输送。

2. 前瞻性原则

高校在开展就业创业工作时应有前瞻性。要深刻调查当前社会就业创业情况，预测市场发展情况，估量学生未来发展状况，从而为大学生提供更科学、更精确的就业创业指导服务。

3. 循序渐进原则

高校在开展就业创业指导服务时应遵循循序渐进原则，任何事情都不是一蹴而就的，工作不能盲从，更不能急于求成。要帮助学生了解我国社会情况、工作现状、岗位能力需求。引导学生树立正确的就业价值观，提升学生个人综合能力，在适应岗位的同时为学生带来极大便利。创业相比于就业具有更多更复杂的特性，更要循序渐进，不能急于求成，要给学生提供科学合理的创业指南，避免学生盲目投资，减少不必要的损失。

（三）大学生就业创业指导服务工作的策略

目前，虽然我国各大高校已经开始推进大学生就业创业服务，但是其中的措施还存在诸多方面的问题。各大高校应该将大学生就业创业服务作为重要事项展开实行。如何为学生提供更细致、更持久、更精确的就业创业服务指导，是现在高校面临的主要问题。如何把这些问题做好，是高校开展大学生就业创业服务指导工作的首要目标。

1. 创新指导方法

目前大部分高校开展就业创业指导服务工作主要还是以课程教学的方式展开，这样的方式过于单一乏味，不能让学生积极参与到活动之中，极大地降低了就业创业服务指导工作的效果。因此，高校应当以更多的方式展开就业创业服务工作，从学生的角度出发，才能为学生更好地解决问题。例如，可以在开展就业创业相关教育课程的基础上，增加一些类似辩论赛、座谈会形式的交流，让高校、让企业、让社会更多地了解学生，聆听学生的声音。同时，高校也应该对学生正确引导，使其树立良好的社会价值观，评价学生的社会责任感，让学生在步入社会后成为对社会有用的"新青年"。

此外，根据调查研究发现，目前大学生在就业创业后，出现很多跳槽、辞职甚至经营倒闭等现象，学校和教师应该帮助学生了解职场的不易和艰辛，让学生对工作有正确的认知，提升学生面对困难时的抗压能力，培养学生坚韧不拔的工作品格，让学生明确就业创业不是一朝一夕，是长期性的、有艰苦性的、困难性的事情，更不可能是一蹴而就的、轻言放弃的。高校也应该更加了解工作岗位和工作内容，提前让学生模拟工作状态，锻炼学生的工作能力，并询问学生的工作问题，耐心倾听学生的疑问，帮助学生解决实实在在的工作问题。

2.加强多方联动

工作不是单方面的问题，是工作岗位与学生的问题，工作是多方面的、是多元化的。因此，高校在开展就业创业服务指导时，应当积极与当地政府、企业沟通，加强与地方政府、企业的合作，帮助学生更快更好地融入社会并投入工作，才能达到开设就业创业服务指导的目的。首先，高校应该积极与政府部门沟通，政府派遣专人进入高校介绍、指导工作，并与学生积极交流探讨工作内容，让学生更加深入了解工作、熟悉工作，更早地适应工作。其次，高校也应积极与企业开展合作，更深入地了解企业，在学生选择企业时给出有效的建议。并邀请企业积极参与学校内的学生招聘会议，让企业深入了解学生，学生深入了解企业。这样才能做好合格的岗位和学生的"中间人"，进而为学生提供更适合找到工作的平台，为企业发掘更多优秀的人才。

3.加强信息化建设

随着互联网技术的不断发展，网络已经走进我们的生活。利用网络招聘已经成为各大企业用人单位的主要招聘方式之一。高校应该加强信息化建设，利用互联网与大学生的天然"亲近性"联系，让高校就业创业指导工作深入大学生的学习和生活。因此，高校应该积极参与构建大学生就业创业网络服务指导平台，将信息化的便利融入实际生活需要中。因此，高校应当建立自己的网络就业创业服务指导平台，建立大学生的信息档案库，积极与合作企业、政府单位沟通，邀请其入驻平台，以便更快速地了解大学生，给大学生提供更加便利的择业方式。此外，应该鼓励各企业单位在平台发布用人信息、不同地区的就业政策等，促进大学生更方便、更容易找到适合自己的岗位，真正实现高质量就业。高校应该及时跟踪已经工作的毕业生，总结优秀毕业生的就业、创业等工作经验，为高校就业创业指导平台提供可供学生参考的最新资源，并调查毕业生对当前岗位的直观感受，为后面的毕业生提供有利的择业参考标准。

(四) 大学生就业创业指导工作中应用新媒体的路径

1. 合理应用大数据技术

随着大数据技术的普及和广泛应用，大数据已经成为上到国家政策下到百姓出行必不可少的重要工具。利用大数据技术，可以轻松实现信息的收集、整理和利用，可以根据信息绘制图表，根据相关信息预测相关行业的走向和趋势，让学生能更轻松、更准确、更科学地了解当前行业的状况以及未来的发展趋势。高校应根据企业用人单位、毕业生民调数据、社会发展趋势等数据，制作新媒体大数据信息库，帮助学生分析更好的就业创业趋势，预测各行业发展情况、社会市场变化等因素，以给出学生科学合理的建议。收集大数据根据相关算法建立的数据模型，具有更直观、更准确、更容易被学生看懂等特点，是实实在在方便学生、帮助学生的方法之一。也能让学生对自己的人生规划更加清晰，方便学生抓住难得的市场契机，把握好人生重要的转折点。

2. 科学利用社交媒体

互联网高速发展下另一个产物就是社交媒体，如今的社交媒体已经向多元化方向发展，并且与人们的生活息息相关。现今的热门社交媒体如微博、小红书和微信公众号等分享互动型平台，高校和企业都可以在此创建官方账号，第一时间发布就业创业信息和招聘信息，帮助学生快速、便捷地了解到当前岗位需求，让用人单位知悉学生实际情况。同时，学生还可以在高校官方账号和企业官方账号下留言互动，提出自己的问题和意见，即可便捷获得校企双方的指导。此外，微信公众号作为一个更具个性化订阅性的平台，校方可以创建微信公众号，通过及时发布就业创业信息，让企业更快了解学校和学生情况。高校就业创业指导官方公众号应该由专人负责运营，专注与学生互动，积极解答学生问题，听取学生意见，为学生提供更有效、更准确的就业创业指导服务。同时，微信公众号应该增设多个板块，方便学生们之间互相交流研讨，安排专人听取学生声音，引导学生正确看待问题、思考问题，提高学生与高校交流的便捷性，引导学生形成就业创业的正确价值观。

3. 借助移动应用程序

在互联网和新媒体发展的背景下，智能移动设备的使用在学生中成为普遍现象。随着学生应用程序的使用频次逐渐提高，高校就业创业指导服务中心应注意到这一现象，从而建立移动应用程序客户端了解学生情况，帮助学生解决问题，并提供有针对性的指导方式。移动客户端具有方便、灵活等优势，学生随时随地都可以学习和咨询问题，显著加强就业创业指导工作效果。移动客户端的功能更加多样化，也更加强大便捷，可以更加方便、及时地采集学生信息、倾听学生诉求，第一时间帮助学生解决问题。此外，移动应用客户端还可以开设问卷调查，学生通过填写问卷主动提供信息、专业特点、个人特长、求职意向等。这些信息可以更好地帮助高校开展就业创业指导工作，也能为学生提供更加合理科学的意见，帮助学生明确发展方向。

4. 积极获取社会热点

新媒体平台也是信息发展时代下的一大优秀产物，新媒体平台有着传播速度快、范围广、受学生和大众欢迎等特点。新媒体平台与新兴行业领域之间的联系巨大，可以通过新媒体平台及时关注新兴行业领域。主要通过新媒体平台关注新兴行业的发展前景，并结合学生的专业特点为其进行职业匹配，能极大地提高就业创业指导工作的有效性。具体方面需要高校就业创业指导中心根据新媒体渠道对新兴行业进行跟踪调查和分析，以便于给学生提供最匹配的就业建议。此外，社交媒体平台也会定期更新发布最新的行业相关信息，高校就业创业指导工作中心应对这些信息予以关注，帮助学生第一时间把握最新社会发展动态，为学生提供精准、便利的指导。

在新媒体时代的背景下，开展大学生的就业创业指导工作需要高校就业创业指导中心深入调查了解学生情况，利用先进的新媒体技术，时刻关注社会发展动向以及市场竞争方向，帮助学生归纳总结社会发展趋势、新兴行业形势等关键因素。此外，专业的指导人员应该在应用新媒体技术的同时发掘新媒体技术的优势，结合学生的自身条件、社会发展状况以及就业创业指导工作的存在的问题，制定相应的解决策略，从而提高就业创业指导工作的准确性。同时，要适当引导学生合理使用新媒体工具，找到适合自己的工作岗位。

参考文献

[1] 王伟伟，刘爽. 高校提升大学生就业创业指导服务水平的策略 [J]. 中国就业，2024(3):66-67.

[2] 彭新安. 大学生返乡就业创业面临的困境与对策分析 [J]. 中国就业，2024(3):76-78.

[3] 林斌. 大学生就业创业教育管理工作存在的不足及改进对策 [J]. 四川劳动保障，2024(2):112-113.

[4] 赖亦斐. 新时代实施大学生就业指导服务精准化的路径 [J]. 四川劳动保障，2024(2):104-105.

[5] 徐树正，徐业宇. 高校大学生就业创业教育的有效路径探索 [J]. 中国就业，2024(2):80-82.

[6] 卢润. 创新创业活动对大学生就业创业能力的影响 [J]. 黑龙江科学，2024,15(3):90-92.

[7] 武博正. 社会生态视角下大学生就业困境的社会工作介入研究——以济南市F高校为例 [D]. 三亚：海南热带海洋学院，2023.

[8] 李思婧. 大学生社会支持、应对方式、自我效能感与就业焦虑的关系研究 [D]. 桂林：广西师范大学，2021.

[9] 史芝夕. 大学生就业价值观生成机理及引导策略研究 [D]. 石家庄：河北科

技大学, 2022.

[10] 陈杰. 家庭社会经济地位对大学生就业期望的影响研究[D]. 贵阳: 贵州师范大学, 2022.

[11] 赵小芳. 大学生的就业压力、情绪智力与心理健康的关系及干预研究[D]. 西宁: 青海师范大学, 2022.

[12] 王峰. 基于供需耦合的大学生就业能力结构优化及实证研究[D]. 徐州: 中国矿业大学, 2018.

[13] 王利峰. 降低大学生就业焦虑的生涯规划团体干预研究[D]. 西宁: 青海师范大学, 2022.

[14] 李健. 新时代大学生就业观培育优化研究[D]. 长春: 东北师范大学, 2022.

[15] 郭欣. 中国当代大学生就业能力培养研究[D]. 长春: 吉林大学, 2017.

[16] 薛月琦. 大学生就业焦虑对未来情景思考的影响研究[D]. 武汉: 武汉大学, 2022.

[17] 庄郁香. 大学生创业能力培养的现实困境与机制建构[D]. 南京: 南京邮电大学, 2022.

[18] 杨锐. 我国大学生持续创业能力研究[D]. 北京: 北京科技大学, 2023.

[19] 李萌. 高校创业教育对大学生生涯适应力的影响研究[D]. 太原: 山西财经大学, 2023.

[20] 李兴光. 创新创业教育对大学生创业意向的影响机制与路径研究[D]. 北京: 对外经济贸易大学, 2020.

[21] 黄馨平. 我国大学生创新创业政策的多源流分析及完善路径研究[D]. 昆明: 云南师范大学, 2021.

[22] 盛红梅. 新时代大学生创新创业价值观研究[D]. 长春: 东北师范大学,

2020.

[23] 岳寒静. 大学生创业能力评价指标体系构建 [D]. 天津：天津师范大学，2021.

[24] 邓星. 大学生创业价值观培育研究 [D]. 杭州：杭州电子科技大学，2022.

[25] 杨宇鹏. 大学生创业价值观形成与高校创业教育路径研究 [D]. 杭州：浙江大学，2022.

[26] 翁莉迎. 大学生创新创业教育成效研究 [D]. 广州：华南理工大学，2022.

[27] 杜林致，闫京江，柴民权. 大学生职业生涯规划 [M]. 兰州：兰州大学出版社，2020.

[28] 程欣，吕久燕. 大学生职业生涯规划与就业创业教育 [M]. 北京：北京邮电大学出版社，2017.

[29] 赵雪政，余少军，余金保. 大学生职业生涯规划与管理 [M]. 上海：上海交通大学出版社，2022.

[30] 李海波. 职业道德 [M]. 南宁：广西人民出版社，2014.

[31] 张琳，李中斌，王杨. 大学生职业生涯规划与就业指导 [M]. 上海：上海交通大学出版社，2018.

[32] 苗青. 新时代外语外贸院校大学生职业生涯规划与发展 [M]. 北京：九州出版社，2021.

[33] 杨必忠. 大学生职业生涯规划与就业创业教育 [M]. 成都：电子科技大学出版社，2018.

[34] 李晓峰，徐海鑫. 大学生创业教育体系的构建与实践 [M]. 北京：经济日报出版社，2019.

[35] 王慧颖，詹明. 新时代大学生创业教育的理论与实践研究 [M]. 成都：电子科技大学出版社，2019.

[36] 李明慧. 大学生创新创业理论与技能指导 [M]. 成都：四川大学出版社，2021.

[37] 梁杰，杨一笔，雷承春. 大学生职业生涯规划与就业指导 [M]. 武汉：华中科技大学出版社，2022.

[38] 苏志东，王波. 大学生职业生涯发展与规划 [M]. 北京：北京理工大学出版社，2021.

[39] 沙楠. 大学生职业规划与就业指导 [M]. 北京：北京理工大学出版社，2021.

[40] 王元福. 大学生就业创业教育 [M]. 北京：北京理工大学出版社，2020.

[41] 朱纪纲，王英鉴. 大学生就业指导与创业教育 [M]. 杭州：浙江工商大学出版社，2016.

[42] 宋建卫，魏金普，杨洪瑞. 大学生创新与创业教育 [M]. 北京：北京理工大学出版社，2021.

[43] 张婕. 大学生德育教育的发展与创新研究 [M]. 长春：吉林出版集团股份有限公司，2021.

[44] 薛文辉. 当代大学生就业指导与创业教育的多角度研究 [M]. 北京：中国纺织出版社有限公司，2020.

[45] 韩光. 基于"互联网+"视阈的大学生创新创业教育研究 [M]. 北京：北京工业大学出版社，2023.